中国经济文库
应用经济学精品系列

中国经济文库·应用经济学精品系列（二）

·本书受国家社科基金项目（11CJL015）资助

我国经济发展方式转型中的投资效率的测度及国际比较研究

雷　辉◎著

中国经济出版社
CHINA ECONOMIC PUBLISHING HOUSE
北　京

图书在版编目（CIP）数据

我国经济发展方式转型中的投资效率的测度及国际比较研究／雷辉著．－－北京：中国经济出版社，2020.12
ISBN 978－7－5136－6410－3

Ⅰ.①我…　Ⅱ.①雷…　Ⅲ.①投资效率—对比研究—世界　Ⅳ.①F830.593

中国版本图书馆 CIP 数据核字（2020）第 249257 号

责任编辑　王　建
责任印制　巢新强
封面设计　华子设计

出版发行　中国经济出版社
印 刷 者　北京九州迅驰传媒文化有限公司
经 销 者　各地新华书店
开　　本　710mm×1000mm　1/16
印　　张　12.75
字　　数　178 千字
版　　次　2020 年 12 月第 1 版
印　　次　2020 年 12 月第 1 次
定　　价　68.00 元
广告经营许可证　京西工商广字第 8179 号

中国经济出版社 **网址** www.economyph.com **社址** 北京市东城区安定门外大街 58 号 **邮编** 100011
本版图书如存在印装质量问题，请与本社销售中心联系调换（联系电话：010－57512564）

前　言

改革开放以来，我国经济的持续高速增长令人瞩目。在40多年的经济高速增长历程中，高投资率始终是中国经济发展的典型特征之一。大量的资本积累和巨额的外商投资，强有力地推动着中国经济快速增长，在世界经济发展史上创造了奇迹。毋庸置疑，高储蓄、高投资、高增长的经济发展模式的确为中国经济带来了显著的收益；但我们应看到，中国经济也面临着因大量无效投资引起的部分行业产能过剩、基础设施投资过度和超前、房地产库存高企、资源肆意浪费、生态环境不断恶化等问题。

投资效率一般是指投资主体在投资活动中的收益与成本、产出与投入之间的对比关系，在本书中又称为“资本回报率”。它既是衡量微观企业盈利能力的一项重要指标，也是一国经济发展过程中用来考察经济运行效率的极为重要的宏观经济变量。首先，本书从全国、分行业和分省（区、市）的资本存量的估算角度入手，研究并测度全国、各行业、各地区的投资效率，并就此进行行业、地区乃至国别之间的比较分析；其次，从金融发展、财政分权和政府治理的视角实证研究我国投资效率的影响因素；最后，针对研究结果本书提出了提高我国投资效率、转变我国经济发展方式的对策建议。本书将具体从以下几个方面展开研究：

（1）我国宏观投资总量和结构的分析。从宏观投资总量的规模，宏观投资的使用结构、资金来源结构、所有制结构、产业结构及区域结构等方面进行探讨。

（2）我国整体资本存量的测算及比较。探讨资本存量的测算方法，对全国的资本存量进行了逐步估算和分析比较，并利用资本产出比指标对估算结果进行检验。

（3）我国分行业资本存量的测算及投资效率的行业比较分析。基于永续盘存法，利用官方公布的投入产出表中的相关数据，研究和测算1990—2014年我国分行业的资本存量及各行业的投资效率，并分析研究了近年来我国行业投资效率的变化趋势及原因。

（4）我国分省（区、市）资本存量的估算，分省（区、市）和三大经济圈投资效率的比较分析。首先，测算我国各省（区、市）的资本存量；其次，利用资本租金公式对我国各省（区、市）的资本回报率进行测算和比较；最后，比较分析我国三大经济圈的投资效率差异及变动趋势，并探讨出现差异的内在原因。

（5）从金融视角对我国投资效率影响因素进行实证分析。研究发现：我国金融发展对投资效率的影响总体来讲并不是特别明显；从反映金融发展的不同指标来看，存贷款占GDP比重对投资回报率的影响最为显著，但其作用在递减，我国非国有金融机构和股票市场的发展都能促进投资效率的提升，对东部省份投资效率的提升作用更为明显。

（6）从财政分权与政府治理的视角对我国投资效率影响因素的实证分析。在利用前文测算得到的我国地区投资效率的基础上，利用面板数据模型，对全国及分地区层面投资效率的影响因素进行实证检验。

（7）我国投资效率的国际比较研究。运用资本边际生产率对包括中国在内的七国投资率和投资效率进行了比较分析；采用AMSZ准则，对包括中国在内的11个新兴经济体国家1965—2011年的宏观投资效率进行了考察比较；研究考察了1999—2013年“一带一路”沿线21个国家的公路、铁路、民航和水运基础设施投资的经济增长效应，以及“一带一路”沿线14个中东欧国家层面的交通基础设施的投资效率。

（8）转变经济发展方式，提高我国投资效率的政策建议。基于前面的研究结果得出：我国应该继续深化投资体制改革；发展金融市场，通过规范股票市场和债券市场提高直接融资的比重；适当给予地方政府更多的财政自主权，规范地方政府的财政自筹方式以促使其合理分配财政资源，提高地方政府的治理效率；建立科学的地方政府绩效考核体系；发挥我国各区域的优势，改善投资环境、合理配置投资资源，增强自主创新能力，提升地区的技术发展水平。

我国的宏观投资唯有从片面追求规模转变成更加注重结构升级，从一味追求速度转变成更加注重提升效率和质量，加快供给侧结构性改革，扩大有效投资、精准投资，才能转变经济发展方式，使投资真正成为经济稳定、持续发展的动力。

目　录

1 导 论

1.1 研究背景和研究意义

1.1.1 研究背景

改革开放以来，我国经济的持续高速增长令世界瞩目。40 多年间，我国 GDP 年平均实际增长率高达 9% 左右，增长速度远超同期西方发达国家和亚洲其他新兴工业国家。大量的资本积累和巨额的外商投资，强有力地推动着中国经济快速增长，在世界经济发展史上创造了奇迹。我国近年来的固定资产投资情况如图 1.1 所示。

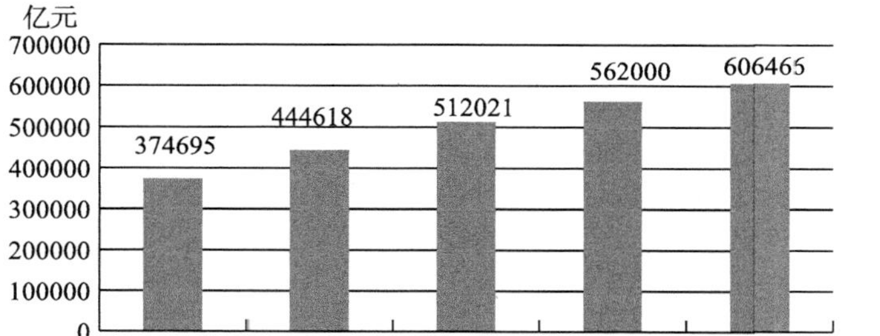

图 1.1 2012—2016 年我国全社会固定资产投资量

资料来源：相关年份的《中国统计年鉴》。

毋庸置疑，高储蓄、高投资、高增长的经济发展模式为中国经济带来了显著的收益。但时至今日，一方面由于世界经济仍存在诸多不稳定、不确定因素，复苏速度缓慢，与世界息息相关的中国经济也因此感受到了外部环境所带来的下行压力；另一方面，中国经济出现了部分行业产能过剩、基础设施投资过度和超前、房地产库存高企、资源肆意浪费、生态环境不断恶化等因无效投资而引发的问题。因此，我国对投资的理解已产生变化：从片面追求规模转变成更加注重结构升级；从一味追求速度转变成更加注重提升效率和质量。

2017 年的政府工作报告指出，要适度扩大总需求并提高有效性，要积极扩大有效投资。因此，在目前我国经济下行压力较大的情况下，投资仍是保持我国经济稳定增长的有效途径。同时，在我国经济进入新常态后，只有扩大有效投资、精准投资，加快供给侧结构性改革，才能使投资真正成为促进我国经济稳定增长的助推器。

在促进经济增长的各种因素中，不可否认，近年来投资率的迅速提升为中国经济的增长做出了巨大的贡献。根据 IMF 的研究，中国投资占 GDP 的比重已接近 50%。从理论上讲，根据边际效应递减规律，随着一国资本存量的上升，投资回报率或者投资效率会有下降趋势。近年来，我国一些学者采用不同方法和数据对改革开放以来的投资效率进行测量，结果均发现我国自改革开放以来的投资效率一直不高而且在不断下降。2008 年金融危机以来，为克服危机的影响，中国政府进一步追加投资，已经出现过度投资现象，中国投资占 GDP 的比重已经超出均衡水平 12 ~ 20 个百分点；但这种高投资并未促使中国经济保持高速增长。自 2012 年以来，我国经济增长率持续下滑，这说明通过高投资率拉动经济增长的模式难以为继。不仅如此，高投资率背后是大量的能源消耗及日益严峻的资源及环境压力，这种粗放型的经济发展方式显然不具备可持续性，而效率驱动式的集约型增长方式有赖于我国宏观投资的高效率和投资推动的技术进步机制的形成。

随着经济转型时期的到来，如何实现投资效率的提升将是未来中国经济高质量发展的重中之重。根据资本积累的黄金律，高投资率、低投资效率的经济发展模式会使资源配置偏离其最优水平，导致经济结构失衡，从而影响经济的长期增长和社会福利水平的提高。地区投资效率的高低决定了地区之间的资本流动方向及区域经济的协调发展。一直以来，我国发达地区的资本存量显著高于欠发达地区，而根据资本边际报酬递减规律，资本应该流向欠发达地区；但实际情况却相反，我国的资本往往从欠发达地区向资本密集的发达地区流动。胡凯（2011）的研究表明，近 30 年来，我国地区间资本流动的基本趋势为从中西部地区向东部地区流动，这就是中国存在的所谓“卢卡斯悖论”。从地区发展角度来看，我国经济发展水平差异明显，不同地区对资本利用效率的区别也较为明显。从行业投资效率来看，不同行业的投资效率也存在着较大的差别。

目前，我国经济社会的发展已经进入重要的转型时期，政府积极推动供给侧结构性改革，通过供给面的调整升级解放生产力，化解过剩产能，为的是提升全社会的资本回报率，促进经济的可持续发展。因此如何最大化投资效率，如何促进地区之间、产业之间的均衡协调发展，实现资本的有效配置，以保证经济的持续健康发展，是我国各级政府面临的重大考验。

资本的跨区域流动从根本上来讲是由于地区之间的资本回报率存在差异，因此研究探讨地区间投资效率差异产生的原因非常必要。已有的研究大多数是从市场化水平、技术水平、人力资本水平等视角研究地区资本回报率的，但从制度环境，特别是从金融发展、财政分权的角度来研究地区资本回报率的文献数量还非常少。发达国家和一些发展中国家的研究已经发现，金融发展对一国投资效率的提升具有促进作用，但这些结论是否适用于中国？现有的一些文献研究表明：财政分权度的提高会使我国地方政府的经济性投资效率得到显著的提升。既然财政分权度与地方政府的经济性投资效率之间存在统计上的正相关关系，那么分税制改革之后的财政分权体制，以及在此制度之下的政府治理是否也会对地区的资本回报率产生类似的影响呢？基于此，本书将利用各省（区、市）的面板数据对金融发展与我国投资效率之间的关系进行研究。同时，本书还从财政分权和政府治理的视角出发，对我国全国层面、沿海地区和非沿海地区层面的资本回报率的影响因素进行实证检验。那么，我国的投资效率与发达国家相比如何？与一些新兴经济体国家比较起来又如何？为此，本书还将就我国的投资效率进行国际比较。本书将针对研究得到的结果提出相应的政策建议。

1.1.2 研究意义

本书的研究内容既具有很强的现实意义，也具有很强的理论意义。

从现实角度来看，宏观投资效率是我国经济发展中的重要议题，它关系到我国的经济增长方式转变和可持续发展问题。经济的发展带动投资的增长，投资的增长又进一步推动经济的发展，各地区经济发展的差异在很大程度上是由资本回报率的差异导致的。经济发展水平高的地区，往往资本回报率高，更能吸引投资，而落后地区却往往投资不足、资本匮乏，这就导致资本流向的失衡。因此，如何提高资本回报率，吸引资本的流入以促进经济的发展是我国经济发展中一个重要的议题，具有很强的现实意义。因此，估算全国、各地区和各行业的资本存量，在此基础上对全国、各地区及各行业的投资效率进行测算，分析我国地区及行业间投资效率的变动趋势及差异，实证研究影响投资效率的各个因素，并就我国的投资效率进行国际比较，这不仅可以为正处在经济增长方式转型期的我国提供理论上的参考，还可以为在高投资率、低回报率的宏观背景之下，我国各级政府如何有效地提高投资效率，保证经济健康稳定发展提供政策建议。

在理论层面，从制度环境，特别是从金融发展、财政分权和政府治理的角度来研究地区间投资效率差异的文献还较为零散和有限。本书在消化吸收国内外有关资本存量测算及资本回报率研究的各种文献基础上，提出系统的分析框架，用于我国投资效率问题的研究；在方法上，本书把西方经济学、计量经济学、宏观投资理论等综合在一起进行研究。

1.2 研究内容和研究框架

1.2.1 研究内容

本书将遵循先理论后实证的思路。首先，基于国内外主要学者以往的研究成果，建立综合性分析框架。其次，在对投资效率、资本回报率的定义、内涵及测算方法的相关文献进行梳理的基础上，测算我国整体及分地区、分行业的资本存量和投资效率，并对此进行地区间、行业间，乃至国别间的比较分析，并从金融发展和财政分权、政府治理的角度研究影响我国投资效率的各个因素。最后，根据前文的研究结果提出提高我国投资效率，转变我国经济发展方式的对策建议。

本书整体分为 11 个章节，各个章节安排如下：

第一章为导论部分。首先，对本书的研究背景进行较为详细的说明，并简要列出本书的研究意义；其次，阐述本书的总体研究框架和研究方法。

第二章为相关理论基础。首先，界定投资和经济增长的内涵；其次，对关于投资与经济增长关系的主要理论按时间顺序和流派进行梳理和分类，并综述有关投资波动与经济波动的理论；最后，通过投资的需求效应和供给效应分析投资促进经济增长的机理。

第三章为关于投资效率的文献综述部分。首先，对投资效率的定义、内涵界定进行探讨；其次，对宏观投资效率的测算方法进行国内外研究文献的梳理总结与比较分析；最后，对国内外有关资本回报率影响因素的文献进行综述。影响宏观投资效率的主要因素一般包括：经济发展水平、资本深化、技术进步、人力资本、市场化程度、外贸依存度、金融发展水平等其他因素。

第四章对我国宏观投资总量和结构进行详细分析。从宏观投资的使用结构、资金来源结构、所有制结构、产业结构及区域结构等方面进行探讨，并提出相关的政策建议。

第五章为资本存量的测算部分。这部分内容将分析资本存量的测算方法，对我国的资本存量进行详尽的测算和分析比较，并利用资本产出比指标对估算结果进行检验。

第六章基于前面提出的资本存量测算方法，利用我国投入产出表中的相关数据，研究和测算 1990—2014 年我国分行业的资本存量和各行业的投资效率，并提出相关政策建议。研究发现：我国大多数行业在 20 世纪 90 年代的投资效率相对较高，但进入 21 世纪后，某些行业的投资效率出现异常波动，并呈现逐渐下降的趋势。这说明近几年我国由于投资规模较大，使资金流向产能过剩的行业，导致行业间投资分配不均衡，宏观投资效率下降，这不利于我国经济的持续健康发展

第七章则就我国的投资效率进行了区域比较分析。首先，测算我国各省（区、市）的资本存量，并利用资本租金公式对我国各省（区、市）的资本回报率进行测算和比较。其次，对我国三大经济圈的投资效率进行测算及分析。最后，比较分析我国三大经济圈的投资效率差异及变动趋势，并探讨产生差异的内在原因。

第八章从金融发展的视角检验金融发展对我国投资效率的影响。对 1990—2014 年我国地区面板数据的检验发现：总体来讲，我国金融发展对投资效率的影响并不是特别明显，这可能跟我国金融市场不完善有很大关系。从反映金融发展的不同指标来看，存贷款占 GDP 的比重对投资回报率的影响最为显著，但其作用在递减，而且这种促进作用自西部、中部地区到东部地区呈逐渐递减的趋势；金融市场发展风险对投资回报率虽有负向影响，但作用不显著；我国非国有金融机构发展程度和股票市场发展程度都能促进投资效率的提升，尤其对东部省份的提升作用较明显。

第九章从财政分权和政府治理的角度对影响投资效率差异的因素进行实证检验。利用面板模型，基于财政分权和政府治理的视角，对全国层面和我国沿海、非沿海地区层面投资效率的影响因素进行实证检验。财政分

权能够显著提高地区的投资效率，而衡量政府治理水平的财政自给率、企业的非税负担、产权保护水平和基础设施建设对投资效率的影响存在差异，财政自给率和企业的非税负担会显著拉低投资效率，而产权保护水平和基础设施建设对投资效率的影响却不显著。

第十章就我国的投资效率进行了国际比较。首先，运用资本边际生产率对包括中国在内的七国投资率和投资效率进行比较分析。其次，采用AMSZ准则，考察比较包括中国在内的11个新兴经济体国家1965—2011年的宏观投资效率。研究发现，除了沙特阿拉伯的经济增长在个别年份处于动态无效的均衡状态之外，E11的经济增长在样本期的其他时间都处于动态有效的均衡状态。并且，金砖五国的宏观投资效率的经济增长效应高于E11的整体水平。最后，对“一带一路”沿线国家基础设施的投资效率展开实证研究，并提出中肯的建议。

第十一章为研究结论与政策建议部分。基于之前的研究，对全文进行总结，并就转变经济发展方式，提高我国投资效率提出相关的政策建议。

1.2.2 研究框架

本书研究框架见图1.2。

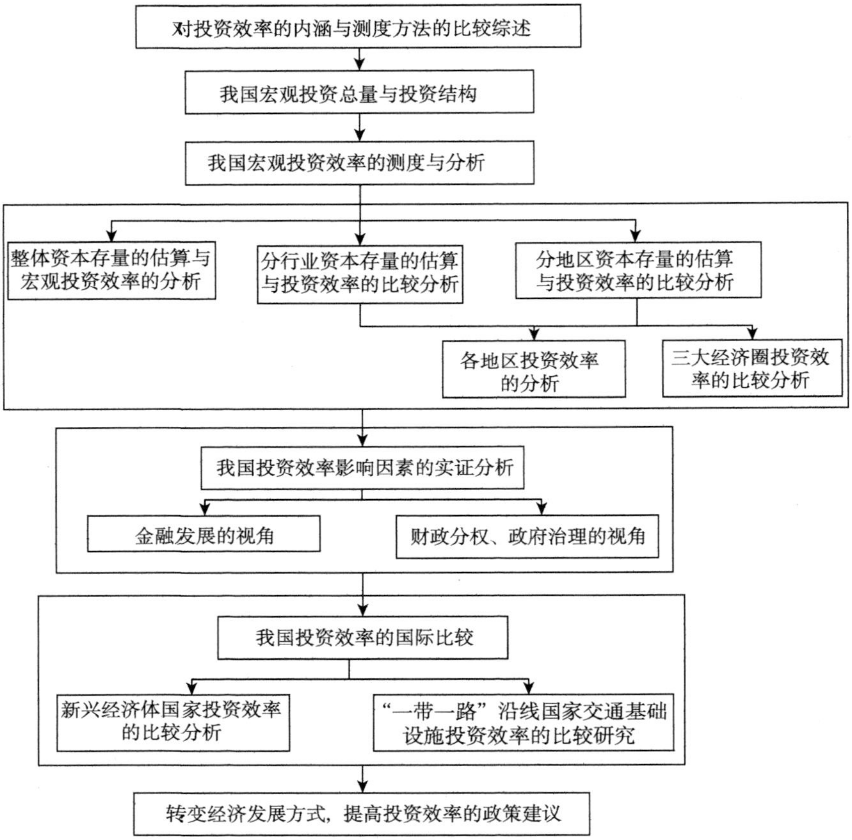

图 1.2　本书研究框架

1.3　研究方法和创新之处

1.3.1　研究方法

本书的研究既涉及了理论部分，又用到了实证研究的方法。其中，以实证研究为主，坚持定量分析与定性分析相结合。理论部分包括国内外相关文献的综述，以及借鉴相关方法对我国的资本存量、投资效率进行测算；实证部分包括对我国整体及分地区、分行业，全样本和分样本的实证检验。研究方法有以下几种：

（1）理论联系实际法。本书对资本存量及投资效率的测算方法进行文献梳理和理论阐述，并据此对我国29个省（区、市）相关年份的投资效率进行重新测算；此外，还对各因素与资本回报率之间的影响机制进行理论阐述，并就此进行计量建模分析。

（2）比较分析法。对我国环渤海、长三角及珠三角三大经济圈的投资效率进行测算和比较分析，对我国分行业的投资效率进行测算和比较分析，对新兴经济体国家的投资效率进行测算和比较分析，对“一带一路”沿线国家的交通基础设施的投资效率进行测算和比较分析，并探讨产生差异的原因所在。

（3）计量回归分析法。本书将视角聚焦在金融发展，以及财政分权和政府治理这两个制度环境对我国投资效率影响的实证分析上；并控制其他5个重要的影响因素，建立多元回归模型进行实证研究。通过各个影响因素回归系数的显著性来判别其是否对地区资本回报率的变动具有显著影响。

1.3.2 本书的创新点

与以往文献相比较，本书主要有如下创新点：

一是在计算资本存量时，对折旧率的处理方式上有所创新。折旧率的准确与否对资本存量的估算结果影响很大，进而影响宏观投资效率的准确测度。与以往研究的不同之处在于，本书在计算全国及各行业的资本存量时，所用的折旧率不仅分时段计算，还利用国家统计局发布的投入产出表中的相关数据设定折旧率，这样的处理方式相对来说比较合理，避免了自行设定时的主观性。

二是在投资效率的区域比较分析方法上有所创新。本书分别计算了环渤海、长三角及珠三角等三大经济圈资本回报率，对比分析了这三大经济圈资本回报率的变动趋势。目前的文献都是通过划分东、中、西部等3个地区的方式研究资本回报率的区域性差异。

三是在分析我国地区投资效率影响因素的侧重点上有所创新。本书侧重于金融发展、制度环境与地区投资效率之间的关系研究，而且更为全面地考虑了影响投资效率的各种可能因素。此外，在金融发展指标的选择上，本书选取了金融发展总规模、金融市场发展风险、非国有金融机构发展程度和股票市场发展程度等4个指标综合衡量金融发展的状况。

四是全面系统地提出了提高投资效率、转变经济发展方式的对策。本书采用经济政策学的理论并结合文中实证分析的结果，全面系统地提出了提高我国投资效率的对策和建议，为各级政府提高投资效率、转变经济增长方式、实现可持续发展提出了具体的、可操作的政策及措施。

2 宏观投资与经济增长

投资与经济增长的关系既是经济学家们经常探讨的一个问题，也是经济决策者在制定经济政策时需要考虑的重要方面。本着研究问题的需要，本书将综合各个时期、不同经济学流派的研究成果，分别对投资和经济增长的内涵加以界定，并着重分析二者的关系。

2.1 投资和经济增长内涵的界定

2.1.1 投资内涵的界定

我们既然要研究投资，研究投资与经济增长的关系，那么就应该先从投资概念的本身出发。

1. 资本

投资的概念通常与资本的概念联系在一起，为了理解投资的概念必须先弄清楚资本的概念。

从广义上讲，资本应包括两部分：一是物质资本，二是人力资本。物质资本的存在形式包括设备、厂房与建筑物及存货；人力资本包括由正规教育和在职培训形成并体现在劳动力中的技术知识和技能存量。从狭义上讲，则只包括物质资本。本书所研究的资本仅指物质资本。

2. 投资

一般说来，投资是指资本的形成，即指为实现某种经济的或非经济的目标而投入其中的资源和要素的价值量或货币量。国内外有关投资的理解和认识主要有以下论述：

凯恩斯在《就业、利息和货币通论》中认为，通俗来讲，投资是指一个私人或一个法人购买一件新的或旧的资产。有时投资用来专指在证券市场上买卖有价证券，不过本书把购买房产、机器，购买一批制成品或半成品的行为都称为“投资”。一般意义来说，投资包括一切资本设备之增益，不论所增者是固定资本还是流动资本。

金德尔伯格和赫里克（Kindleberger and Herrick，1986）在《经济发展》一书中指出，物质资本是一种稀缺资源，以长期存在的生产物质形态存在，如机器、设备、建筑物和存货。这些生产物质是投资过程（或资本形成过程）的最终结果，在极大程度上代表着本期的生产能力，如果它们和其他互补的生产要素相结合，则代表未来的生产能力。

萨缪尔森（Samuelson，Paul A.）在《经济学》中论及投资问题时认为对于学者而言，投资的意义在于社会实际资本的形成——增加存货的生产，或新工厂、房屋和工具的生产，即房屋、设备和存货的净增加额。对于一般人而言，投资的意义仅仅是购买几张股票，购买土地或开立储蓄存款的户头，但就这种行动而论，经济学家认为投资和储蓄都没有增长。只有当物质资本产生时，才有投资。

哈维在《现代经济学》中对投资的定义与萨缪尔森基本相同。他认为投资是一定时期内花在资本货物（如工厂、房屋、机器等）的生产上或净增加的存货（原材料、商店中的消费品等）上的支出。只有当资本货物或存货有实际的净增时，才产生投资。把钱存入银行不能算是投资。

马克思并未专门分析投资与资本的关系，而是把投资与资本联系在一起，《资本论》第三卷就涉及了该问题。由于马克思从价值生产的角度，把生产资本分为以生产资料形式体现的不变资本和以劳动力形式体现的可变资本，从价值转移方式上又把生产资本分为以机器、设备和生产建筑物等形式体现的固定资本和以原料、材料、燃料、辅助材料及工资等形式体现的流动资本，因此可以认为，他所说的投资就是用货币购买生产资料和劳动力，从而形成固定资本和流动资本的一种经济活动。

综上所述，投资大体上可分为狭义和广义两种，狭义的投资只包括物质资本的形成，广义的投资还包括金融投资，甚至人力资本投资。

本书将从研究宏观经济问题的角度出发，将投资界定为物质资本存量的增加，即实物投资。同时，为了与我国的统计数据取得一致，在下文中所提及的投资均指固定资产投资。

2.1.2 经济增长的内涵

1. 经济增长的定义

经济学家对于经济增长的定义有着不同的观点。1971 年，诺贝尔经济学奖得主西蒙·库兹涅茨在《现代经济增长》一书中指出：经济增长“可以定义为给居民提供种类日益增多的经济产品的能力上升，这种不断增长的能力建立在先进技术以及所需的制度和思想意识相应调整的基础上”，“表现为对不断增长的人口提供更多的人均商品和劳务的能力不断提高”。他又指出：“我们把各国的经济增长看作通常由人口的增加和广泛的结构变化所伴随着的每人或每个劳动力产值的持续增加。”而刘易斯在《经济增长理论》一书中指出，经济增长是“按人口平均的产出”的增长。萨缪尔森则认为，经济增长是“一国总产出跨时期增长，通常用一国的实际 GDP（或实际潜在 GDP）的年增长率来衡量”。

总体来说，目前对于经济增长的严格定义最常见的有两种。第一种定义认为，经济增长是一个经济体所产生的物质产品和劳务在一个相当长时期内的持续增长，亦即实际总产出的持续增加。该经济体可以是某一个国家或某种地理、政治或社会的单位。例如，一个地区、一个城市或某种人口组合，也可以包括一组国家或整个世界。第二种定义认为经济增长是按人口平均计算的实际产出，即人均实际产出的持续增长，认为人均实际产出是测量经济社会生活水平的最好标准。因此，如果研究一国经济实力的变化，那么实际总产出的增长就具有重要性。如果研究人民生活水平的改善和经济发展水平的提高，那么人均实际产出的增长就具有决定意义。

从上述关于经济增长的论述及定义中我们可以看出，经济增长集中体现的是商品和劳务供给总量的不断增加，即总产出的持续增加。如果考虑到人口的增加与价格的波动，经济增长就是人均实际产出能力的增加。本书从研究问题的一致性出发，在涉及经济增长的问题时，一律用国内生产总值（GDP）衡量。

2. 经济增长方式的内涵

经济增长方式是指人类在发展经济的过程中采用什么样的途径和方法实现物质财富的增加。目前，学术界对经济增长方式内涵的理解已基本一致，即分为粗放型经济增长和集约型经济增长。粗放型经济增长也称数量增长型或投入增长型，即经济的增长主要依靠资源投入量支撑，或靠扩大生产规模推动经济增长，不注重改善经济管理和利用技术进步。与粗放型相反，集约型经济增长主要依靠技术进步，通过提高生产效率和资源配置效率实现扩大再生产和经济增长。在人力资源的使用上，通过劳动者素质的提高和管理水平的提高，不断提高劳动生产率，不断提高科学技术在经济增长中的巨大作用；在资源利用上，通过改进生产技术，不断降低物耗，不断降低生产成本；在财力资源上，不断提高资金的利用效果和投资收益率。按照这一理解，粗放型经济增长和集约型经济增长在不同的发展阶段作用是不同的。如在经济发展水平较低时，扩大再生产或经济增长更多地要靠生产要素投入的增加，因而是粗放型的；在经济发展到较高水平时，单纯的生产要素的高投入无法进行，只能靠提高生产效率进行扩大再生产，否则扩大再生产不能继续。因此，粗放型向集约型转变是经济发展到一定阶段时的必然要求。

经济增长和经济增长方式是一对既关系密切，又相互区别的概念。首先，经济增长是经济增长方式的前提和基础，因为如果没有经济增长，经济增长方式就无从谈起。其次，经济增长方式从更深的层次揭示经济增长的内涵，因而可以说是对经济增长这一概念的延伸和深化。最后，经济增长主要反映社会物质财富的变化，而经济增长方式则侧重于对引起这一变化因素的分析。

2.2 投资和经济增长的主要理论回顾

各种投资理论无不与经济增长理论联系在一起。在不同的经济增长理论中，投资发挥作用的大小及直接程度各不相同。有的经济理论中投资的作用是直接的，投资直接成为经济增长的一个变量；有的经济理论中投资与经济增长的联系是间接的。但是，还没有一种主要的经济理论会无视投资在经济增长中的作用。投资与经济增长的关系是如此密切，以至于有的经济学家说，经济增长理论实际上就是一种投资理论。

西方的经济增长理论经历了古典经济增长理论、新古典经济增长理论和新经济增长理论 3 个时期的发展，这些理论流派在传承前人研究成果的基础上不断创新，从外生的增长机制向内生的增长机制演进，研究的重心也逐渐从物质资本转向人力资本和知识性资本。

2.2.1 古典经济增长理论

经济学家对投资与经济增长问题的探讨起始于亚当·斯密（Adam Smith）。1776 年，斯密在其代表作《国民财富的性质和原因的研究》一书中分析了一国财富增加的途径。斯密认为，财富的增加，即经济的增长主要是由劳动分工所决定的生产性劳动、劳动生产率的提高和资本积累 3 个因素共同决定的。同时，他又指出，尽管增加一国财富必须深化劳动分工、增加生产性劳动者的数量和提高劳动生产率，但是“按照事物的本性，资财的蓄积必须在分工之前”。因此，增加生产性劳动者的数量，必先增加资本积累以支持劳动基金的增加，蓄积的资财越丰裕，能雇佣到的生产性劳动者越多，劳动分工越细密，劳动生产率也越高；增加便利劳动的机械和器具，或对其进行改良以提高劳动生产率，也要求资本积累的增加。由此可知，斯密认为资本积累是劳动分工的基础，资本积累量决定着劳动分工的细密程度，即决定了生产性劳动者的数量和劳动生产率的水平，从而决定了国民收入的增长。在他看来，资本积累不仅是外延扩大再生产的基础（如增加生产性劳动者的人数、增加具有较高生产率的机器和设备），也是内涵扩大再生产的基础（如对原有的机器等进行改良革新等）。总之，斯密通过对资本积累在经济增长中积极作用的系统分析，把经济增长的决定因素归结为资本积累，认为资本积累是经济增长的源泉。

同样，大卫·李嘉图（David Ricardo）也认为资本积累是经济增长的最重要力量。他认为，资本积累的速度决定投资增长速度和生产力发展速度，资本积累能够创造财富，是提供经济结构转变所必需的基础设施的唯一手段。如果资本积累增长，就会出现正的经济增长；如果资本积累下降，经济增长也会下降。但是，大卫·李嘉图是从收入分配的角度对经济增长问题进行研究的，在其《政治经济学与赋税原理》一书中，他提出了报酬递减规律，着重分析了各种收入分配比例如何通过影响资本积累决定经济增长。

总之，以亚当·斯密、大卫·李嘉图等为代表的古典经济学派对经济增长理论做出了基础性的贡献。他们分析了影响经济增长的多种原因，认为经济增长是多种因素（如劳动分工、资本积累等）综合作用的动态过程，强调了资本积累对推动经济增长的重要贡献，认为投资和资本积累过程是经济增长的核心。在这个意义上，古典经济理论的主要内容是资本积累决定论。

此后，该领域涌现出了更多的古典经济学家，如弗兰克·拉姆齐（Frank Ramsey）、弗兰克·奈特（Frank Knight）、约瑟夫·熊彼特（Joseph Schumpeter）等，他们提出和分析了竞争行为和动态均衡的基本方法，报酬递减的作用及其与物质资本和人力资本积累的关系，人均收入和人口增长率之间的相互作用，特别是熊彼特的创新观念引起了经济学家的极大兴趣。

熊彼特把创新观念引入经济增长理论之中。他否定了对经济持续稳定增长的假定，认为经济增长发生在不同长度的周期中。他认为，增长是由新产品的开发或新的生产方法的采用，新市场的开辟，新原料的采用及组织结构的新变化等引起的，即所谓创造性的破坏过程引起的。他还认为，创新过程是由有动力的企业家推动的，是由被潜在利润吸引了的企业家推动了一国经济的发展，从而促进其福利水平的提高。可见，熊彼特的理论颇具内生因素产生经济增长的思路。

马克思强调了资本投资和技术进步对经济增长的重要作用。他在《资本论》中分析投资与经济增长关系时提出："生产逐年扩大是由于两个原因：第一，由于投入生产的资本不断增长；第二，由于资本使用的效率不断提高；在再生产和积累期内，小的改良日积月累，最终就使生产的整个规模完全改观；这里进行着改良的积累，生产力日积月累的发展。"① 他认为经济增长是由资本积累及其包含着的技术进步推动的。

2.2.2 凯恩斯的投资与增长理论

20 世纪 30 年代的经济大危机，使生产过剩问题成为资本主义面临的最重要的问题。仅有投资增加所形成的供给作用，不能实现经济顺利增长，研究需求作用的投资理论便应运而生了。1936 年，凯恩斯在《就业、利息和货币通论》一书中，着重研究了投资的需求作用。凯恩斯认为，被古典经济学派坚持的"萨伊定律——供给会自动创造需求"，即"储蓄会自动全部地转化为投资"是不正确的；相反，"需求会自动创造自己的供给。"凯恩斯抛弃了储蓄是经济增长主要动力的古典经济学派的观点，转而强调投资对经济增长的重要作用，提出了投资对国民收入变动的乘数原理。在此基础上，萨缪尔森等人补充了国民收入变动对投资作用的加速原理。

1. 乘数原理

凯恩斯认为，投资是推动经济增长的重要因素，投资对国民收入的增

① 中共中央马克思恩格斯列宁斯大林著作编译局．马克思恩格斯全集：26 卷［M］．北京：人民出版社，1973：598.

长效应既取决于投资需求，又受消费需求变化的影响。从投资需求的效应方面看，产出的增长与投资变动存在乘数效应，即国民收入的增长是投资增长的若干倍，用方程表示为

$$\Delta Y = \Delta I/(1-c) = \Delta I/S \tag{2.1}$$

其中，ΔY 表示国民收入的增加；ΔI 表示投资的增加；c 表示边际消费倾向；s 表示边际储蓄倾向，$c+s=1$，且 $s<1$，$c<1$，$1/(1-c)=1/s$，为投资乘数。

由于边际消费倾向 $c<1$，所以投资乘数 $1/(1-c)=1/s>1$，即一定的投资增长会引起国民收入更大幅度的增长，即 $\Delta Y>I$。

凯恩斯认为，投资增加之所以能促进国民收入增长，是因为相互关联的国民经济各部门的一笔投资会增加有关部门的收入，从而使消费支出随收入的增长而增加，这些消费又可以形成其他部门的收入和消费，这样投资需求增长和消费需求增加的双重作用促使投资对国民收入的增长呈现乘数效应，即国民收入的增长是一定时期投资增加额的数倍。反之，若投资额下降，国民收入将以投资减少的若干倍萎缩。

2. 加速原理

不仅投资能促进国民收入增长，而且国民收入增加也会带来引致投资，即国民收入变化对投资变化有加速效应。在没有闲置生产能力的条件下，如果国民收入增长，那么居民收入会增加，消费支出必然也会增加，从而使社会有效需求得以提高，这又会引致人们进行新的投资，因而资本存量增加，而且资本存量增加是国民收入增加的若干倍，即国民收入增加对投资增加有加速效应。反之，若国民收入的增长降低，也会引诱投资加速下降。用方程表示为

$$I_t = \sigma \cdot \Delta Y \tag{2.2}$$

其中，I_t代表引致投资；ΔY 代表国民收入的增加；σ 为资本—产出率（$\sigma>1$）。一定时期的投资是自发投资与引致投资之和，即：

$$I = I_0 + \sigma \cdot \Delta Y \tag{2.3}$$

其中，I_0代表自发投资。

根据上述乘数原理和加速原理，在经济扩张阶段，经济增长，国民收入增加，增加的国民收入又引致新的投资，通过乘数作用，新增投资又使国民收入进一步增长，经济进入高速增长的繁荣期；一旦经济增长减缓，国民收入增加的幅度降低，加速作用使支持经济高速增长的高额投资不复存在，通过乘数作用，投资的减少会进一步阻碍国民收入的增长，经济进入收缩阶段。

总之，凯恩斯主义者强调投资对经济增长的重要作用，并且特别强调政府对经济的干预，认为政府投资不仅可以弥补私人投资的不足，以维持原有的国民收入水平，而且政府每增加一笔投资，还可以通过乘数作用带动私人消费和投资，使国民收入以投资的若干倍增长。另外，国民收入的增长又可通过加速作用引起投资更大幅度的增长，从而形成投资增长与国民收入增长相互促进的良性循环。

但同时我们也注意到，投资对国民收入的乘数效应要发挥作用会受到一些前提条件的制约：其一，社会存在闲置生产能力。如果一国经济不存在过剩的生产能力，或者投资的增长超过了生产能力的闲置数量，那么新增投资及由此引起的新增消费，就不是刺激生产和收入的增加，而是引起物价上涨；其二，投资乘数作用的发挥还取决于边际消费倾向（或边际储蓄倾向）。如果一国的边际消费倾向较低，边际储蓄倾向较大，投资乘数就比较小，投资对国民收入的影响作用也就较小；其三，投资乘数效应的发挥要求社会存在闲置生产能力，而投资加速效应则要求社会生产能力已经得到充分利用，新增产出只能依靠新增投资，从这点看来，加速原理和乘数原理作用的条件是完全相反的，因此限制了投资与经济增长之间的相互作用。

不仅如此，凯恩斯只强调了投资对经济增长的需求效应，却忽视了投资的供给效应。实际上，投资对经济增长的促进作用更重要的是来自其长期效应——投资的供给效应，即投资的实施形成新增生产能力，并带来社会商品供给的增加，从而国民收入增加，实现经济增长。如果只重视短期内投资的需求效应，而忽视投资长期的供给效应，就可能使人们产生“重投资数量、轻投资质量”的投资“短视”行为。

2.2.3 哈罗德—多马模型

20 世纪 40 年代，英国经济学家哈罗德（Harrod，1939）和美国经济学家（Domar，1957）受到柯布—道格拉斯生产函数对供给方面和凯恩斯对需求方面关注的启发，在凯恩斯理论框架的基础上进行了经济增长分析，几乎在同一时期内发表了颇为相似的长期经济增长模型，通称哈罗德—多马（Harrod—Domar）模型，他们把凯恩斯的短期静态分析长期化和动态化，标志着现代经济增长理论研究的开始。

哈罗德—多马模型的结论公式为

$$g = \frac{s}{\gamma} \tag{2.4}$$

其中，g 代表经济增长率；s 代表储蓄率；γ 代表资本产出比，模型中假定资本产出比为定值。

该模型表明：国民生产总值增长率是由储蓄率和资本产出率共同决定的，其与储蓄率成正比，与资本产出率成反比，在资本产出率不变的情况下，国民收入的增长率取决于储蓄率。总之，哈罗德—多马模型是以凯恩斯的收入均衡理论为基础的，从储蓄等于投资原理出发，突出了储蓄的作用，强调了投资的双重作用，即投资不但会增加有效需求和国民收入，而且还会增加资本存量、提高生产能力、影响未来供给。

该模型的缺陷在于假定资本—产出比是常数，资本与劳动的比例是固定的，从而使均衡增长的条件难以满足，经济的稳定增长有如“刀刃一样脆弱”，不具有自我调整的功能。这与经济现实差距很大。

2.2.4 发展经济学关于投资与经济增长的理论

从 20 世纪 30 年代末至 20 世纪 50 年代中期，以哈罗德—多马模型为代表的凯恩斯学派的经济增长理论占学术界的主流地位。除此以外，也有许多发展经济学家如刘易斯、纳克斯、罗森斯坦·罗丹和罗斯托等学者，他们也先后在其经济理论中论述了投资对促进经济增长的关键作用和低储蓄率对生产的束缚作用。

刘易斯认为，经济的增长与人均投资的增加相联系，但资本并不是经济能够增长的唯一条件。如果只有资本而不同时为资本的使用提供富有成效的基础，那么资本就会被浪费。在储蓄方面，他认为投资是经济增长所必需的，储蓄也是经济增长所必需的。因为要投资就必须进行储蓄。但他强调，经济增长并不是普通人进行储蓄并提高他的生产能力，而是少数人如私人、法人和政府机构在昂贵项目（公路、铁路、港口、电力等）上进行的巨额投资。在他的理论中提到了基础设施对经济增长的重要性。

纳克斯的"贫困恶性循环"理论认为，缺乏资本是妨碍经济增长的关键因素。纳克斯的"贫困恶性循环"理论从供给和需求两方面分析了贫穷的循环。从供给方面来看，低收入—低储蓄—资本形成率低—资本短缺—生产率低下—收入低。从需求方面来看，低收入—低购买力—市场不旺—投资引诱不强—生产率低—收入低。纳克斯认为突破这一恶性循环实现经济增长的关键是注入资本。

罗森斯坦·罗丹的大推进理论也把资本形成（即投资）看作经济增长的中心力量，而资本形成不充分是经济增长的主要约束条件。为了实现经济的迅速增长，必须具备相当的投资速度和规模，同时进行许多项目的全面投资。

罗斯托认为，投资率的提高并不导致国民生产的相应加速，在经济起飞中，投资率是起飞的必要但不充分条件。但他也指出，在正常的人口增长率和资本产出率的情况下，人均国民生产总值要取得有规律的实质性提高，从逻辑上讲，净投资率必须达到10%左右。

2.2.5 新古典经济增长理论

在哈罗德—多马模型中，采用固定系数的生产函数，很难达到两要素充分就业均衡增长的要求。即使在初始状态下经济是两要素充分就业的，但在长期中也会出现劳动力相对过剩或资本相对过剩的状态。受“二战”后一段时期资本主义经济持续高速增长现象的影响，1957 年索洛和斯旺基于柯布—道格拉斯生产函数提出了供给要素（即资本存量）起重要作用的新古典增长模型，取代了需求因素起决定性作用的凯恩斯主义的哈罗德—多马模型。

在新古典经济增长模型中，索洛和斯旺放松了资本产出比不变的假设，确定了资本与劳动的可替代性。并且，该模型以规模报酬不变、资本的边际收益递减及储蓄率和技术进步都是外生的为基本假设，其核心结论为：资本积累的作用对长期增长不是决定性的，起决定性作用的是技术进步。

然而，随着世界贫富差距的日益扩大和技术进步对经济增长的巨大贡献，新古典增长理论逐渐暴露出两个明显的局限：一是由于假设各个国家有相同的机会得到同样的技术，因而各国间没有技术水平的区别，最终穷国必定能赶上富国；而实际上，穷国的经济增长往往更缓慢（Barro，Robert J. and Sala - Matin，Xavier，1995）。二是假设技术的外生性，不能解释为什么会发生技术进步。实际上，经济的稳定增长不仅与经济系统的外生变量有关，更重要的是系统内生变量。内因决定外因，内生经济变量才是决定经济增长的关键因素，这为内生经济增长理论的提出奠定了一定的基础。

2.2.6 新经济增长理论

经历了 20 世纪 60 年代和 70 年代的沉寂之后，80 年代经济学家又开始了新一轮对经济增长理论的研究热潮。由于不满意新古典经济理论的研究方法，即一方面将技术看作经济增长的决定因素，另一方面又假定技术进步是外生变量而将它排除在模型考虑之外。20 世纪 80 年代中期以来，以保罗·罗默的《收益递增和长期经济增长》和罗伯特·卢卡斯的《经济增长机制》为开端，新经济增长理论开始迅速发展。新经济增长理论不再把经济增长归因于外生的技术进步率或人口增长率等，它们扩展了资本概念，把技术进步、人力资本及知识等作为影响经济增长的内生变量，探讨了长期经济增长的原因，因此新经济增长理论又称为“内生经济增长理论”。

新经济增长理论认为，由知识积累或人力资本积累引起的内生技术进步是经济增长的源泉。大多数新经济增长模型都考虑技术进步得以实现的各种机制，考察技术进步的各种具体表现形式。新经济增长理论目前大致有两种研究思路：第一种是以罗默、巴洛（Barro，1991）为代表，建立在阿罗模型（Arrow，1962）基础上的知识积累模型，该模型假定技术进步来自对实物资本的投资，以在生产中的累积资本代表当时的技术水平，直接将技术进步内生化；第二种是以卢卡斯、琼斯（Jones，1995）为代表，建立在宇泽模型（Uzawa，1965）基础上的人力资本模型。具体说来，罗默（1986）认为生产要素的收益问题是影响经济增长的重要因素，新古典增长理论关于边际收益递减的假设是导致其失败的原因。因此，在他提出的增长模型中放弃了这个假设，同样将特殊的知识和专业化的人力资本加入生产函数中，成为经济增长的主要因素。它们不仅能形成自身递增的收益，而且能使资本和劳动等要素的投入也产生递增收益，从而使整个经济的规模收益递增，递增的收益保证着长期经济增长。卢卡斯的建模思想和罗默的稍有不同。他的增长模型以人力资本为核心，把资本划分为物质资本和人力资本两种。卢卡斯（1988）认为正是各国在人力资本方面的差异，导致了各国在收入和经济增长率方面的差异，扩大经济的开放度可以使发展中国家吸收新技术和人力资本，从而更快地实现经济发展，缩小与发达国家的收入差距。事实上，无论是知识的积累还是人力资本的提高导致的技术进步都是内生的，都与资本的投入是分不开的。

从上述经济增长理论的发展过程来看，投资对经济增长的作用在各个发展阶段都是不容忽视的，既可以通过实物资本的投入直接促进经济的发展，也可以通过技术进步这一中间变量间接推动一国经济的发展。

2.3 投资波动与经济波动的理论

自19世纪初叶至现在，西方学者提出了很多种经济周期波动理论假说。在这些理论中，强调投资因素的如下：

以哈耶克（Hayek，1933）为代表的货币投资过度理论认为，银行信用引起生产结构的失调，生产结构的失调最终引起经济周期的出现。

卡尔多（Nicholas Kaldor，1980）的经济周期理论在对储蓄函数和投资函数进行修正的基础上，通过资本存量与投资的决定关系解释经济周期波动。卡尔多认为，投资率越高，资本存量规模的增加就越迅速。资本存量的增加也就是经济财富的增加，从而推动经济的增长。经济增长使收入水平提高，引起储蓄的增加，影响储蓄曲线S的变动。此外，资本存量增加，也会引起利润率的下降，转过来也就意味着投资量的减少，进一步引起投资曲线I的变动。储蓄曲线S和投资曲线I的变动，最后的结果会产生均衡点，但这一均衡是短期的。随投资下降，经济活动水平下降，又会形成新的均衡点。

萨缪尔森的乘数—加速数模型分析了产出水平的变动和投资支出之间的关系，该模型把内部因素与外部因素结合起来，利用投资的乘数作用和加速原理解释经济周期，特别强调投资变动的因素——投资通过投资乘数使收入增加，收入增加又通过加速作用，使投资以更快的速度增长，而投资的增长又使国民收入增大，如此循环往返，经济便处于扩张阶段。当经济达到顶峰时，收入停止增长，加速原理发挥作用，使投资加速下降，投资又通过乘数作用使国民收入下降，经济陷入衰退。

希克斯（Hicks，1967）的经济周期模型将非均衡增长归结于资本积累的变化，而资本积累正是投资（自发投资或引致投资变化）的结果，并且该模型还在萨缪尔森的乘数—加速数模型之外附加了经济周期波动不能超越的上限和下限。

2.4 投资对经济增长的需求效应和供给效应

由于固定资产投资具有两重性，即它既对生产形成需求，又能增加生产能力，因此决定了投资对经济增长也具有两重效应：需求效应和供给效应。客观经济过程表明，投资的需求效应是与投资同时产生的，而投资的供给效应是在形成固定资产交付使用或投入生产并与资金相结合之后才显现的。两者在时间上是不同的，投资的供给效应滞后于需求效应。因此，从时间范围来看，投资的需求效应属于中短期分析，主要是在宏观经济的周期理论和经济调节理论中进行，着眼于解释中短期经济波动的原因，以及寻求利用投资来调节周期、熨平周期。而投资的供给效应属于长期分析，主要是在经济增长理论中进行，目的是分析资本积累或投资对经济增长的作用。下面本书将进一步通过投资的需求效应和供给效应分析其对经济增长的促进作用。

2.4.1 投资的需求效应

固定资产投资的实现过程，就是不断运用货币资金购买物资和支付工资的过程，就是不断进行购买和建造的过程，这一过程必然会引起对生产资料和消费的大量需求，进而引起国民经济中需求的增加，这就是投资的需求效应，即当期投资表现为从需求的角度拉动经济增长。并且，对任一部门的投资都会形成对其他部门的需求，刺激其他部门的产出增长，使整个社会的收入因投资的持续而产生一种扩大的效应。例如，投资建设一个新工厂，在实际供给能力形成之前，该项投资将首先产生对建筑材料、机器设备和建筑行业劳动力的需求，而那些生产建筑材料、机器设备的生产厂家也会产生对各自的原材料、劳动力的需求，这个过程会持续到对最初级产品生产部门的需求为止。而且，这种需求既包括对投资品的需求，也包括对消费品的需求。以生产建筑材料、机器设备的厂家为例，在技术装备不变的情况下，增加产量也就意味着劳动数量的增加，意味着劳动报酬的增加，而增加的劳动报酬一定要用于消费，从而也就相应地刺激消费品部门增加生产，因而投资的这种需求效应在现实生活中表现为多级别的波动传递方式推动经济增长。实际上，投资对经济增长的需求效应可以通过投资乘数体现，具体过程见本章2.2.2节的乘数原理。

2.4.2 投资的供给效应

投资变成固定资产后，非生产性固定资产一旦交付就直接供给社会消费；生产性固定资产则投入生产，为生产提供劳动力并与流通资金相结合，通过生产劳动生产产品（生产资料和劳动资料）供给社会，产生一系列与之相关联的刺激其他产品生产增加的效应，这就是投资的供给效应，即滞后的投资（在此本书假定是滞后一期的投资）表现为从供给的角度推动经济增长。以生产性投资为例，从投资的初始客观目的看，投资是为了增加某种产品的生产能力。一般而言，投资者之所以选择某个项目进行投资，直接原因就在于该项目的产品有较大的市场需求，虽然在主观上投资者以追求利润为最大目标，但在客观上投资者的这种行为满足了社会要求增加供给的需要。随着投资建设的实施和新生产能力的形成，符合社会需求的新增加的产品必然带来国内生产总值的增加。而且，增加某种产品的供给，往往会产生一系列与之相关的刺激其他产品增加的效应。例如，投资建一个发电厂，当这个发电厂投产以后，它所发出的电能会带来效益，要计入国内生产总值；同时，发电厂给其他企业提供电能，使这些企业扩大产品的生产，从而使这些企业也能增加收益。也就是说，上游企业产品和收益的增加，必然会带动下游企业产品和收益的增加。因此，某项旨在增加社会供给能力的投资，会对经济增长产生一种扩大的效应，并非局限于该项投资为国民经济提供生产能力本身。投资的这种供给效应在现实经济中也表现为多级别、多层次的波动传递方式推动经济增长。

综上所述，无论是投资的需求效应还是供给效应，都是促进经济增长的重要因素。对此我们应该给予充分的肯定，但也不能过分夸大这种作用，导致投资过分扩张。事实上，经济增长的决定因素很多，并非只有投资这一种因素，而且投资对经济增长的促进作用也是有条件的。首先，必须有足够的投资资金，经济增长促进社会产品的增加，从而决定投资资金的来源和投资的增长。其次，必须有足够的投资要素（投资品和实施投资活动的劳动者），国民经济提供足够的投资要素是实现投资的必要条件。最后，投资资金与投资要素之间应大体平衡，不顾经济增长所决定的投资要素的增长状况，过度投资或投资不足都会导致经济的剧烈波动，破坏国民经济持续、协调、健康的运行和发展态势。此时，投资不仅不能促进经济的增长，反而会阻碍经济的增长，甚至造成经济的衰退，因而我们必须保持适度的投资规模，形成投资与经济增长的良性循环。

3　投资效率

3.1　投资效率的内涵界定

一般说来，投资是指资本形成，指的是为实现一些经济或非经济的目标而投入的要素和资源的货币量或价值量。投资效率一般指投资主体在投资活动中取得的有效成果与劳动消耗、劳动占用之间的关系，也就是投资活动所得与所耗费、产出与投入之间的对比关系。

2007 年，北京大学中国经济研究中心（CCER）指出，对于投资效率的内涵界定需要从“利润率”开始，因为较早时期的资本回报率的相关研究是从利润率开始的，利润率、收益率、资本回报率都能用来衡量资本的回报情况。近年来，学术界开始用资本回报率的概念，主要从微观和宏观两个层面对这一概念进行界定。下文从 3 个方面对投资效率的内涵界定展开综述。

投资效率和资本回报率其实是两个既有密切联系又略有区别的概念，这里为了研究的方便性，在本书研究中，我们就简单地将投资效率等同于资本回报率。

3.1.1　利润率的内涵界定

亚当·斯密（1776）最早对资本利润及利润率做出定义，他认为由工人劳动使原材料增加的价值应由两部分组成，一部分用来支付工人的劳动报酬，另一部分则是资本的利润，因此资本的利润就是为组织某种劳动而获得的报酬，利润率的大小取决于收入的分配方式，资本的利润与工人工资是矛盾的。约翰·穆勒（1848）发展了斯密的利润学说，在他看来利润就是资本家的支出得到补偿后的剩余，也就是通过资本获得的收入。

大卫·李嘉图（1815）也定义了利润率，他的研究从物质和价值两个方面考察谷物生产中的利润来源，他认为谷物的利润是其产出量与投入量之差，利润和投入量之比便是利润率。李嘉图（1817）进一步完善了利润率理论，从劳动价值学说的角度考察了利润率，认为工人的工资会受到谷物价值变动的影响，从而使农业的利润和社会的利润也受到影响。李嘉图的理论无法解释如何用等量的资本获得等量的利润这一难题。后来，马克思解决了这一难题，他对利润率进行了较为准确的界定，利润是剩余价值的转换形式，具体表现为商品价值超过其成本价格的部分，剩余价值除以全部预付资本就是利润率。李嘉图学派关于“利润率的规律直接表现为剩余价值的规律”的学说遭到了马克思的批判，指出利润率是资本家为掩盖其剥削工人这一本质的工具。

3.1.2 微观投资效率的内涵

微观投资效率是指以微观经济数据为基础的资本回报率，即基于企业财务会计的资本回报（如利润、净利润等）和资本存量（如资产或净资产等）计算的资本回报率，这类研究主要以工业企业的财务数据为基础。也就是说，企业的资本配置达到最优状态。学术界从 20 世纪六七十年代开始，用计量回归的方法计算微观投资效率，Baumol、Heim（1970）对资本和其收益进行回归分析，将最终的回归系数界定为投资效率。Friend 和 Husic（1973），Brealey（1976），McFetridge（1978）在 Baumol、Heim（1970）的基础上，将一些控制变量加入回归分析中，修正了投资效率。Feldstein 和 Poterha（1980）、Poterha（1997）认为加总税前的利润、净利息支出及财产税这三者与资本存量之比才是资本回报率。

近年来，我国学者在研究企业的微观投资效率时开始用资本回报率这一概念。根据2002年国家五部委对相关指标的解释，“净资产收益率是用来评价企业的资本经营效益的核心指标，是指企业一定时期内的净利润同平均净资产的比率，反映出投资与报酬之间存在的关系”。CCER研究组据此将资本回报率定义为“资本回报是流量，资本是存量，资本回报率是流量与存量之间的比率”，并将资本回报分解为利润和相关政府税收两个部分，然后选择权益或股本、资产及固定资产净值作为资本的度量指标，最后定义了9个资本回报率指标。单豪杰、师博（2008）认为企业资本的收入扣除成本费用之后的剩余部分才是资本的回报，而且利用永续盘存法计算出的资本存量才是测量资本回报率所需的资本指标。

3.1.3 宏观投资效率的内涵

宏观投资效率（或称宏观资本回报率）是指以宏观经济数据为基础的资本回报率，也就是说，社会全部可利用的资本资源实现帕累托效率配置，即基于国民收入账户中的营业盈余指标和固定资产存量等指标测算的资本回报率。关于宏观投资效率的界定主要分为3种：一是用衡量资本投入和产出的效率，这类指标包括增量资本产出率（ICOR）、资本产出比（K/Y）、投资产出比（I/Y）等；二是用投资产出系数定义资本回报率，Wurgler（2000）将投资对产出的弹性系数界定为资本回报率；三是基于Hall－Jorgenson（2001）的资本租金公式定义的资本回报率，Bai（2006）根据资本租金公式对资本回报率的概念进行了界定，认为新增一单位资本带来的边际产出的实际价值加上资本品的价格变化率，再扣除资本的折旧率后的剩余是资本的名义回报率。

3.2 投资效率测度方法的分析比较

估计投资效率的方法有很多，但从现有的文献来看主要分为两大类：

第一类是基于微观层面，以企业的财务报表为基础，估计企业的资本回报率（也称为“利润率”）。比较典型的有 Stigler（1963）和 Baumol 等（1970）以会计盈余为基础，采用回归分析法，使用企业的产出、投资资本及其他变量建立的面板回归模型，然后根据回归系数估计资本回报率。后来，Mueller 和 Reardon（1993）以市场价值为基础，计算了美国 699 家公司 1969—1988 年的资本回报，然后依据传统净现金流折现模型建立回报率的计量模型。与 Mueller 和 Reardon（1993）不同的是，Fama 和 French（1999）借鉴“内部报酬率（IRR）”这一思想，在剔除上市公司的金融类公司后，把证券市场中所有的公司看为一个整体，并作为一个投资项目，计算这个投资项目的期初会计账面价值之和，以及这个投资项目的净现金流量的折现值与这个投资项目期末会计账面价值的折现值之和，如果这两个和相等，则此时计算出的折现率即为资本回报率。

第二类是从宏观层面测算宏观投资效率，比较常见有以下 5 种方法：

第一种是使用资本产出比（K/Y 或 I/Y）、边际资本产出比（ICOR）等指标进行研究（李治国、唐国兴，2003；张军，2003）。这些学者计算了我国近年来的 K/Y、Y/I、ICOR 等比率指标。但也有学者指出，K/Y、I/Y 及 ICOR 指标并不能被简单地用来衡量投资效率，这些指标的高低与一个国家的投资（储蓄）习惯、经济发展阶段、产业结构紧密相关（Kaldor，1966；Radelet and SachS，1998）。樊潇彦、袁志刚（2006）利用 Slow—Swan 模型，分别从静态和动态两方面分析 K/Y 大小与一国是否出现过度投资的关系，研究认为 ICOR、K/Y 和 I/Y 这些指标的大小和变动趋势与宏观投资效率之间没有必然的对应关系。

第二种是根据新古典增长的“动态效率”理论，用 Abel 等（1989）提出的 AMSZ 准则进行测算，即若一个国家每年的总资本收益始终大于当年的总投资，那么该国的宏观投资就是“动态有效”的，反之则是“动态无效”的。据此，Abel（1989）对美国等 G7 国家进行分析，研究发现从长期来看这些国家的资本积累是“动态有效”的。Ahn（2003）对日本和中国台湾、韩国的研究发现：日本和中国台湾的投资总体上是“动态有效”的，而韩国则是“动态无效”的。同样根据 AMSZ 准则，袁志刚、何樟勇（2003）研究认为：从 20 世纪 90 年代开始，中国的宏观投资处于一种动态无效状态。

第三种是研究国家的宏观投资是否能够提高行业或地区间的资本配置效率。对此，目前的衡量方法主要有两种：一是根据新古典的“资本边际收益率均等化”准则，通过测算资本边际收益率的方差是否出现显著下降，衡量资本配置效率是否得到了提高。Fraumeni 和 Jorgenson（1980）用“调整推算”法测算了 1948—1976 年美国 46 个制造行业的资本收益率，发现美国行业间资本收益率相差悬殊。Desai 和 Martin（1983）用“函数估计”法测算了苏联 8 个工业行业的资本边际收益率，研究发现苏联的资本配置效率有明显的恶化趋势。龚六堂、谢丹阳（2004）对中国 1970—1984 年的数据进行研究，发现中国省际资本存量的边际回报率差异基本处于稳定水平但有所下降，表明资本配置的有效性处于稳定状态并有所增加。二是吸纳了新古典的思想，通过观察一国的资本是不是流向高成长的部门并且从低成长的部门退出，以此衡量资本的配置效率。这一方法由 Wurgler（2000）首先提出，据此他分析了 1963—1995 年 65 个国家 28 个制造业行业的数据，发现发达国家的行业投资对投资机会的变化更为敏感，资本配置效率要远高于欠发达国家。韩立岩、蔡红艳（2002）参考 Wurgler 的方法，测度了 1991—1999 年我国 39 个工业行业投资对利润的弹性，得出我国资本配置效率的整体水平很低且在 20 世纪 90 年代末出现恶化迹象的结论；潘文卿、张伟（2003）使用同样的方法，研究发现中国资本配置效率的波动较大。

第四种方法是回归分析法。Wurgler（2000）提出可以用投资对产出的弹性系数来计算行业的资本回报率。龚六堂和谢丹阳（2004）用产出对资本存量进行回归，将资本的边际生产率作为相应的资本回报率。王宏杰（2011）用经济增长的投资弹性系数衡量湖北省三大产业的资本回报率。王甘（2012）用中国各省市 1989—2008 年的面板数据构建柯布—道格拉斯生产函数，测算地方的资本回报率。

第五种是基于 Hall—Jorgenson 的资本租金公式直接估计资本回报率。Bai 等（2006）最先使用资本租金公式估计中国的资本回报率，此后单豪杰和师博（2008）、曹跃群等（2010）、孙文凯（2010）、黄先海等（2011）、刘江和吴军（2012）及方文全（2012）等，都使用这一方法测算全国或地区层面整体或各行业的资本回报率。

微观层面的投资效率测算虽然可以用来分析企业之间投资效率的差异，但这一投资效率的测算方法在中国却有很大的局限性。由于微观数据存在缺乏代表性及数据的可得性差等问题，因此用这种方法测算出来的微观投资效率在实证分析中会导致结果出现偏差。相比之下，宏观层面的投资效率虽然受限于样本数量，但涵盖整个经济体从而具有更为综合全面的优势。在相关的方法中，回归分析法往往存在遗漏变量问题，所以用的会比较少。因此，在测算投资效率时用得更多的是资本租金公式，一般都借鉴 Bai（2006）的方法，这些研究因为资本存量的测算方法或数据处理方式的不同，在投资效率的绝对值或相对变化趋势上存在较大的差异。

3.3 投资效率的影响因素研究

就现有的研究来看，影响投资效率（或称资本回报率）的因素有很多且比较复杂，既有经济方面的，也有制度方面的，而且同一影响因素在不同的研究文献中对投资效率的影响情况不一致。其中，最主要的影响因素包括宏观经济发展水平、资本深化、技术进步、人力资本、市场化程度、外贸依存度、金融发展水平等。

3.3.1 宏观经济发展与投资效率

宏观经济的发展水平会直接影响投资的变化。一般来说，当经济处于上升期时，企业的利润率会上升；而当经济衰退时，利润率会下降，因此投资效率与宏观经济的发展有着重要联系。Stigler（1963）早就对投资效率与宏观经济周期之间的关系进行了研究。我国学者也研究了这两者之间的关系，其中 CCER（2007）估测了我国改革开放以来的投资效率，发现无论是会计意义上的资本回报率还是物价调整后的实际资本回报率，都与宏观经济的景气程度存在正向联系。卢锋（2007）认为真实的投资效率会随经济的波动而变动，但中国 2006 年前后的研究表明，投资效率的变动并非宏观经济变动的产物，而是一种趋势性波动过程。单豪杰、师博（2008）对我国工业资本的回报率进行了测算，发现其与 GDP 的变动呈正相关关系。孙文凯、肖耿（2010）的研究也发现，中国的资本回报率与经济发展周期之间存在必然联系。

3.3.2 资本深化水平与投资效率

根据新古典经济学的相关理论，资本深化程度的提升会使经济增长速度和投资效率下降。Gordon（1999）的研究说明技术的变化导致了资本深化，因此长期来看，资本深化与投资效率之间可能存在一种非常复杂的关系。在资本深化的最优范围内，资本数量越多，劳动力的边际产出越高；而当资本过度积累之后，资本的深化会使资本的边际回报率降低。目前，国内已有的文献对资本深化与投资效率之间的关系具有不同的看法。张军（2002）认为 20 世纪 90 年代中国经济增长持续下降的主要原因是经济发展过程中的技术选择偏差，而恰恰是这种偏差使资本深化一直处于加速过程，资本的边际报酬也因此过早呈现出递减的趋势。陈仲常和吴永球（2005）利用 1963—2003 年的数据，实证得出改革开放以前，资本深化与资本利润率之间的关系不显著，而在 1980 年之后，资本深化与资本利润率之间存在着显著的负相关关系。此外，黄先海和杨君（2012）、陈培坎（2013）等利用 1963—2003 年的数据，对资本深化、资本利润与投资效率之间的关系进行了实证检验，发现资本深化等因素能显著降低投资效率。

3.3.3 人力资本、技术进步与投资效率

根据亚当·斯密的观点，劳动者的能力应计入固定资本中。20 世纪 60

年代，人力资本理论正式形成，劳动者接受教育和培训时产生的机会成本是人力资本。许多研究成果都指出，人力资本存在溢出效应，不仅对经济的增长速度产生影响，还会影响投资效率。Becker（1992）认为教育的货币回报率是显著的，人力资本的投资回报应该比非人力资本的投资回报高。长期来看，人力资本水平较低的劳动力将对资本的利用效率产生较大的影响。沈坤荣、田源（2002）对中国的研究也表明，海外投资者在进行投资区位选择及决定投资规模时都会考虑当地的人力资本存量情况。

Moszkowska（1929）指出技术进步能够有效地提高劳动生产率，如果工人的实际工资不发生变化，劳动生产率的上升将会提高利润率。国内学者在研究投资效率的影响因素时，也考虑到了技术因素。黄德春、刘志彪（2006）认为劳动生产率提高是提升投资效率的重要措施；黄伟力（2007）的研究甚至认为全要素生产率的提高是决定投资效率高低的主因。也有学者认为技术因素对投资效率没有太大的影响，如 Mason 和 Harrison（2002）分析了英国的情况，结果表明高新技术行业和传统行业之间没有明显的投资效率方面的差异。

3.3.4 经济开放度与投资效率

外贸依存度（对外贸易系数）是一个国家经济开放度的重要衡量指标，一般用进出口总额与国内生产总值的比值作为这一指标的测算方法，它是反映对外开放程度的指标之一。曹跃群等（2009）使用面板数据研究了影响我国服务业资本回报的因素，最后发现由于我国服务贸易的水平较低，因此导致服务贸易并不能明显提升服务业的投资效率，但这并不表明贸易不会提升投资效率。黄先海、杨君（2012）实证分析了中国工业资本的资本回报率，结果显示外贸依存度对工业资本回报率具有显著的促进作用，从地区来看，东、中部地区外贸依存度对投资效率的影响程度远高于西部地区。陈培坎（2013）运用 1978—2010 年的省级面板数据，发现出口份额对地区投资效率具有显著的负向影响，对此他的解释是根据 H—O

理论，中国的劳动力相对丰富而资本相对缺乏，因此投资效率会因为对外开放程度的增加而降低。

3.3.5 金融发展与投资效率

目前，中国的金融市场仍然处于高度分割状态，金融资金的流动存在重重障碍。近几年来，只有与金融发展相关的经济指标才被放入投资效率影响因素的分析框架中，以往的文献都忽略了金融发展对投资效率的影响，这也与中国的整体金融发展水平较低有关。李青原等（2010）基于Wurgler（2000）的模型，利用工业行业面板数据，运用“残差结构一阶自相关”的固定效应面板数据方法间接估计各地区金融发展程度，最后的实证结果发现，金融发展能够显著提升地区资本的配置效率。邵挺（2010）从金融错配的角度出发，研究发现一个企业的金融错配程度越高。它的投资效率就越高。此外，目前金融体系对国有企业的“所有制偏好”在提高国企的投资效率上所起的作用是消极的。胡凯和吴清（2012）用樊纲等（2010）编制的市场化指数中的“信贷资金分配的市场化”指数衡量金融发展水平，最后的结果显示金融发展虽然对投资效率的影响为正，但是在统计意义上不显著，对此他的解释是现实中存在的正规金融替代机制消解了正规金融的影响，使资金约束对地区投资效率并非至关重要。

3.3.6 其他因素与投资效率

1. 所有制结构

根据已有文献的研究结果，所有制结构也会对投资效率产生影响，总体上看，国有企业的资本回报率最低，私有制企业的资本回报率明显高于国有企业。蒋云资和任若恩（2004）比较了不同所有制工业企业之间的资本收益率，结果表明中国工业企业的平均资本回报水平比国有企业的资本回报率高1.5%。

2. 市场化程度

市场化本身是一个综合的概念，简单地说，就是市场在资源配置过程中起到的作用程度，其内容包括政府与市场的关系，要素市场和产品市场的发育程度、经济体的所有制结构等。市场竞争与市场壁垒是影响一个产业利润率高低的重要因素（Bain，1951），当一个国家或地区的经济结构不断走向稳定时，加剧的部门内部竞争会使该部门的投资效率降低（Naughton，1992）。但世界银行在1992年的一份报告里指出，市场竞争程度的提高会促进企业生产效率的提高，从而使投资效率上升。国内也有学者在考察投资效率的影响因素时涉及了市场化程度，如陈仲常（2005）和黄先海（2012）用厂商数量衡量市场的竞争程度考察其对投资效率的影响，胡凯（2012）用国有经济比重衡量国家垄断程度考察其对投资效率的影响。

3. 制度环境

近几年来，逐渐有文献开始将制度环境纳入投资效率影响因素的考察范围，由制度环境滋生的交易成本会影响资本的利润率。制度环境具有内生性，可以由政府的行为来刻画，地方政府对所辖区域规制的差异性将直接导致地区之间交易成本的差异，从而使资本的边际产出产生差异（胡凯、吴清，2012）。李青原、李江冰（2013）基于实体经济运行的视角研究地区资本的配置效率，发现政府干预会降低地区资本的配置效率；白重恩、张琼（2014）的研究也发现，政府干预与资本回报率之间存在显著的负相关关系，而且政府规模的持续扩张是导致我国2008年以来资本回报率大幅度下降的重要原因之一。

除以上因素之外，生产投入品成本、产业结构、基础设施水平、城市化水平等都可作为资本回报率的影响因素，这些指标都或多或少对资本的回报产生影响。

4 我国宏观投资总量与投资结构[①]

4.1 我国宏观投资总量变化趋势

21 世纪伊始，经济全球化的新格局，科学技术的快速进步，以及加入世贸组织所带来贸易的便利性等，为中国经济营造了相对比较稳定的外部环境，因此中国的经济增长迎来了前所未有的黄金期。不可否认，在这个经济腾飞期，以投资主导的经济增长模式为中国带来了经济总量世界第二，人均收入位于中高等收入的喜人成绩；但与此同时，2013 年、2014 年、2015 年的 GDP 增长率分别为 7.7%、7.4%、6.9%，这一变化表明我国已经同过去平均 10% 的高速增长阶段告别，中国开始进入经济增长的转档期。在新时期，作为拉动经济增长"三驾马车"之一的投资要如何发展就显得尤为重要。

随着经济的发展，近年来我国投资规模逐年大幅度增加，2016 年的年固定资产投资总额已达到 561999.8 亿元，相对于 1980 年的 910.9 亿元，名义增长高达 617 倍左右。不断增加的固定资产投资，不仅强劲地拉动了我国的内需，带动了消费的增长，而且还极大地提高了经济的供给能力，成为近年来我国经济增长的强劲动力。图 4.1 为改革开放 40 多年来我国逐年递增的固定资产投资额绝对值的情况。

---

① 本章节部分内容来自笔者已发表的论文：雷辉．关于我国固定资产投资结构变化的分析[J]．投资研究，2009（8）：61－64.

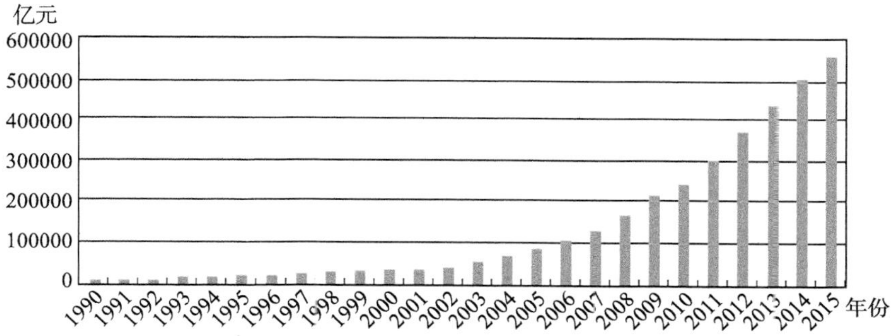

图 4.1　1990—2015 年我国投资总量的变化趋势

资料来源：《中国统计年鉴—2016》。

从表 4.1 及图 4.2 也可以看出，我国的资本形成率虽时有波动，但总体来说呈持续上升的趋势，大多维持在 40% 左右。

表 4.1　1980—2015 年我国的资本形成率

单位：亿元，%

年份	GDP（生产法）	全社会固定资产投资额	GDP（支出法）	其中：资本形成总额	资本形成率
1980	4517.8	910.9	4551.3	1590.0	34.9
1981	4862.4	961.0	4901.4	1581.0	32.3
1982	5294.7	1230.4	5489.2	1760.2	32.1
1983	5934.5	1430.1	6076.3	2005.0	33.0
1984	7171.0	1832.9	7164.4	2468.6	34.5
1985	8964.4	2543.2	8792.1	3386.0	38.5
1986	10202.2	3120.6	10132.8	3846.0	38.0
1987	11962.5	3791.7	11784.7	4322.0	36.7
1988	14928.3	4753.8	14704.0	5495.0	37.4
1989	16909.2	4410.4	16466.0	6095.0	37.0
1990	18923.3	4517.0	19374.8	6444.0	33.3
1991	22050.3	5594.5	22577.4	7893.0	35.0
1992	27208.2	8080.1	27565.2	10834.0	39.3
1993	35599.2	13072.3	36938.1	15783.0	42.7
1994	48548.2	17042.1	50217.4	19916.0	39.7

续表

年份	GDP（生产法）	全社会固定资产投资额	GDP（支出法）	其中：资本形成总额	资本形成率
1995	60356.6	20019.3	63216.9	24343.0	38.5
1996	70779.6	22913.5	74163.6	27577.0	37.2
1997	78802.9	24941.1	81658.5	28966.0	35.5
1998	83817.6	28406.2	86531.6	30397.0	35.1
1999	89366.5	29854.7	90964.1	31666.0	34.8
2000	99066.1	32917.7	100577.0	34526.0	34.3
2001	109276.2	37213.5	111250.0	40379.0	36.3
2002	120480.4	43499.9	122295.0	45130.0	36.9
2003	136576.3	55566.6	138315.0	55837.0	40.4
2004	161415.4	70477.4	162742.0	69421.0	44.7
2005	185998.9	88773.0	18190.0	77534.0	41.0
2006	219028.5	109998.2	221207.0	89823.0	40.6
2007	270844.0	137323.9	271699.0	112047.0	41.2
2008	321500.5	172828.0	319936.0	138243.0	43.2
2009	348498.5	224599.0	349883.0	162118.0	46.3
2010	411265.2	251684.0	410708.0	196653.0	47.9
2011	484753.2	311485.0	486038.0	233327.0	48.0
2012	539116.5	374695.0	540989.0	255240.0	47.2
2013	59042.4	446294.0	596963.0	282073.0	47.3
2014	644791.1	512021.0	647182.0	302717.0	46.8
2015	682635.1	561999.8	696594.0	313070.0	44.9

资料来源：《中国统计年鉴—2016》。

注：资本形成率＝资本形成总额/GDP（支出法）×100%。

由于资本存量匮乏，巨额投资所带来的增长效应正在渐渐消失，投资拉动经济增长的阶段已经趋于尾声。但对于中国来说，这并不意味着要全然抛弃过去的增长方式，忽略投资在经济发展过程中所起的重要作用，而是要加快推动从“扩大资本存量来拉动经济增长”向“提升效率、有效投资”转变，为处于经济新常态的中国经济寻找新的驱动力，充分利用资本、制度、技术等要素推动中国经济持续、健康、平稳的发展。

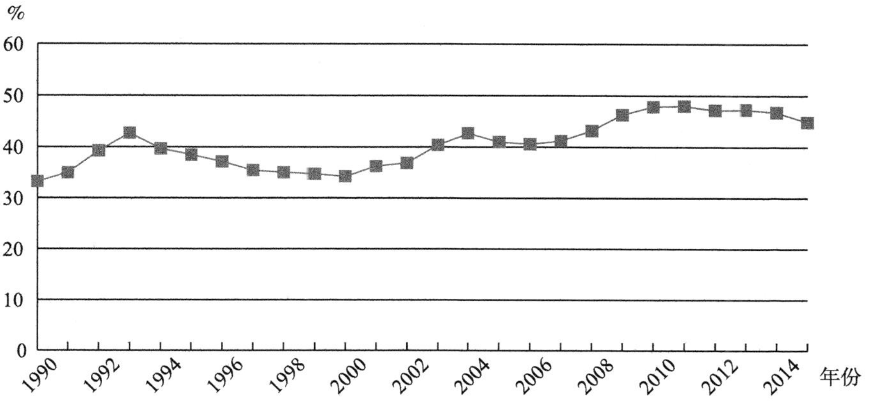

图 4.2 1990—2015 年我国的资本形成率走势

4.2 我国宏观投资结构的变化

如今国际环境不稳定、不确定因素增多，我国深化改革已进入攻坚期。以往经济发展过程中出现的大量重复投资、资源浪费和无效投资等问题，不仅未能使资金得到有效配置，还对经济发展产生了负面影响。经济新常态的提出，对投资的有效性和精准性提出了高要求。中国投资结构的调整既面临着重大机遇，又面临着巨大挑战。

我国的投资规模在逐年增长的同时，投资结构也在发生着变化。所谓投资结构分析，是指分析投资总量中各组成部分之间的内在联系及其数量比例关系，以及因该比例的变化对经济造成的影响。下面本书将从使用结构、资金来源结构、所有制结构及产业结构的角度，对我国的投资结构进行具体分析。

4.2.1 我国宏观投资的使用结构分析

由于资本形成总额与固定资产总额大致相当，因此本书选取固定资产投资作为分析投资结构的指标。从我国实际经济情况来看，房地产、制造业、基础设施投资、其他投资是固定资产投资的重要组成部分，其中我国的关注点是前三项投资的增长。

如图 4. 3 所示，自 2011 年统计口径变更后，我们可以看到基础设施投资占总投资的比重最低，制造业所占比重最大，房地产业占比走势相对平稳。而上述分析中的 2011 年投资效率开始持续下滑这一事实表明，过去单纯依靠扩大房地产市场和加大基础设施建设的粗放型投资方式，恐怕难以推动和促进正处于结构调整阵痛期的中国经济顺利进行转型。要想进行精准有效的投资，就要把资金引导到能够为中国创造新供给、提供新服务、培育新消费、满足新需求的行业和产业中。

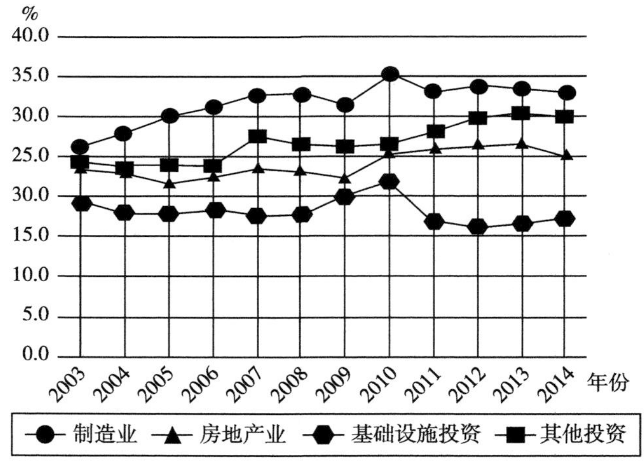

图 4. 3　2003—2014 年中国固定资产结构

资料来源：根据国家统计局数据计算与绘制。

注：1995—1996 年，除房地产投资、农村集体投资、个人投资以外，投资统计的起点为 5 万元；自 1997 年起，除房地产投资、农村集体投资、个人投资以外，投资统计的起点由 5 万元提高到 50 万元；自 2011 年起，除房地产投资、农村个人投资外，固定资产投资的统计起点由 50 万元提高到 500 万元。

值得注意的是，其他投资占总投资的比重逐年上升。于是，本书又研究了 2004—2014 年其他投资的行业构成。如表 4. 2 所示，在其他投资中，金融业，科学研究、技术服务和地质勘查业，租赁和商务服务业的占比逐年上升；信息传输计算机服务和软件业、教育占总投资的比重较小，且呈逐年下降趋势。上述能够为社会带来持久均衡、极具潜力和发展前景的行业占总投资的比重极小，且从短期来说，并不能使固定资产投资在结构上发生变化。但从长远来看，这些行业对培育优质的人力资本和创新能力有着不可替代的作用，能够将知识转化成生产力，持续推动经济发展。

表 4.2　2004—2014 年其他投资的行业构成

单位：%

	2004 年	2006 年	2008 年	2010 年	2012 年	2014 年
农、林、牧、渔业	2.7	2.5	2.9	3.1	2.9	3.2
采矿业	3.4	4.3	4.5	4.4	3.5	2.8
电力、燃气及水的生产和供应业	8.2	7.8	6.4	6.2	4.4	4.5
建筑业	1.4	1.0	0.9	1.1	1.0	0.8
信息传输计算机服务和软件业	2.4	1.7	1.3	1.0	0.7	0.8
批发和零售业	1.8	2.1	2.2	2.4	2.6	3.1
住宿和餐饮业	0.8	1.0	1.1	1.3	1.4	1.2
金融业	0.2	0.1	0.2	0.2	0.2	0.3
租赁和商务服务业	0.6	0.7	0.8	1.1	1.3	1.6
科学研究、技术服务和地质勘查业	0.5	0.5	0.5	0.5	0.7	0.8
居民服务和其他服务业	0.4	0.4	0.3	0.4	0.5	0.5
教育	2.9	2.1	1.5	1.6	1.2	1.3
卫生、社会保障和社会福利业	0.7	0.7	0.7	0.8	0.7	0.8
文化、体育和娱乐业	1.1	0.9	0.9	1.2	1.1	1.2
公共管理和社会组织	3.5	2.7	2.2	2.3	1.6	1.4

资料来源：根据国家统计局数据计算。

相对于固定资产投资，特别是基础设施建设、房地产市场等“看得见、摸得着”的投资来说，技术创新、产业改革和研发投资是“看不见、摸不着”的软投资，对未来实施创新驱动战略，形成以创新为支撑的经济体系更为重要。如果不改变这种投资方式，那么对中国经济可能造成的后果就是只看到了短期的经济增长，却忽略了对创新能力的培养和结构的优化调整，以致我国经济的长期竞争力和发展质量下降。

4.2.2　我国宏观投资的资金来源结构分析

投资的资金来源结构是指资金来源渠道不同的投资在投资总额中所占

的比重。固定资产投资的资金来源主要由国家预算内资金、国内贷款、外资、自筹资金和其他资金构成。自改革开放以来，我国不同资金来源的固定资产投资的占比如表 4.3 和图 4.4 所示，可以看到国内贷款、其他资金和自筹资金占据了绝大部分的资金来源。从变动趋势来看，自筹资金有逐年扩大，成为固定资产投资主要资金来源的趋势，国内贷款、国家预算内资金和外资的占比逐年下降。

表 4.3　我国固定资产投资的资金来源占比变化情况

单位:%

年 份	国家预算内资金	国内贷款	外资	自筹和其他资金
1981	28. 1	12. 7	3. 8	55. 4
1985	16. 0	20. 1	3. 6	60. 3
1990	8. 7	19. 6	6. 3	65. 4
1995	3. 0	20. 5	11. 2	65. 3
2000	6. 4	20. 3	5. 1	68. 2
2005	4. 4	17. 3	4. 2	74. 1
2010	4. 72	15. 19	1. 6	78. 47
2015	5. 3	10. 45	0. 49	83. 76

资料来源:《中国统计年鉴—2016》。

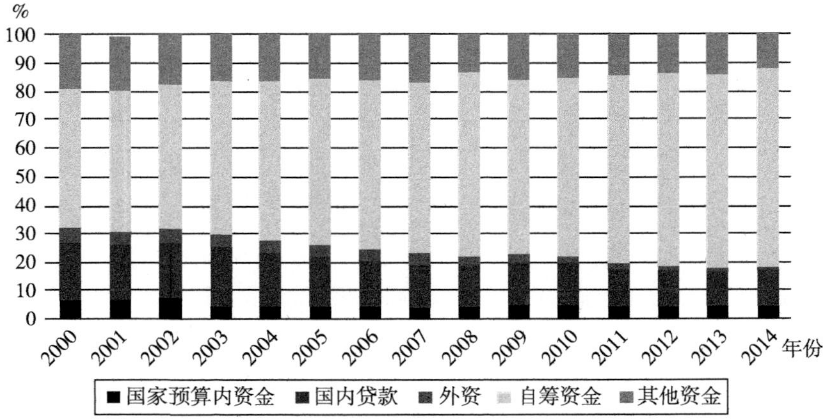

图 4.4　2000—2014 年我国固定资产投资的资金来源

资料来源：根据国家统计局数据计算与绘制。

从表4.3和图4.4可以看出，改革开放以来，我国投资资金中的国家预算内资金下降得非常猛烈，1981年为28.1%，到1995年竟然下降到3.0%，此后一直在5%上下浮动，2015年该比例已经下降到5.3%。在投资资金中，国内贷款资金的比重则一直变化不大，所占比重一直稳定在20%上下，居资金来源占比的第二位，但近年来也出现下降的趋势，2015年已经下降到10.45%。我国银行吸收了居民绝大部分的储蓄，但在投资的资金来源结构上，国内贷款仅占资金来源的15%左右，这说明我国居民储蓄的相当一部分都没能及时转化为有效投资，而是沉积在银行里。我国总投资中利用外资的比重在20世纪90年代曾出现过大幅度增长，但到2015年已经下降到0.49%。自筹和其他资金在总投资资金来源占比中有绝对优势，1981年自筹和其他资金的比重为55.4%，此后该比例逐年上升，到2015年已达到83.76%。自筹资金的比重逐年上升和国家预算内资金比重的逐年减少表明：随着投资体制改革的深入进行，我国企业自主筹资的能力增强，对国家预算内资金和银行贷款的依赖性已经慢慢降低，自筹资金已成为我国企业投资资金来源的主要部分。

自筹资金主要包括城投债、PPP模式引入的民营资本、基建行业自有净利润再投资、以其他方式新进入的民营资本、股票融资等。为了促进城投公司转型改制，2014年国务院提出了“剥离融资平台公司政府融资职能”。从短期来看，对固定资产投资资金来源中的自筹资金提出了不小的挑战。这就需要PPP模式和地方政府债双管齐下，才可能有效熨平融资平台公司政府融资职能退出历史舞台所带来的经济波动。

而在“十三五”规划中，我国仍有很大一部分的基础设施建设任务需要完成。而基础设施投资是否能完成，很大程度取决于自筹资金，推动促进PPP模式发展不仅能带来投资效率的提升，还能缓解政府债务过重的状况，同时其更加市场化的机制能够更好地提升项目质量。但要让PPP模式中的社会资本能够发挥填补国家预算内资金空缺的重要作用，就要解决以下问题：①缺乏长期、稳定的激励机制。众所周知，基础设施建设存在着回报率低、周期长等缺点，而民营资本是我国经济中最具有活力的组成部分，如果没有利益驱动，就不能激发其参与基础设施建设项目的积极性。②缺乏成熟的国内案例。近两年，PPP 模式进入了快速发展阶段，但就当前中国现状而言，尚未有成熟的案例以供参考。

4.2.3 我国宏观投资的所有制结构分析

投资的所有制结构是指不同所有制经济主体之间的相互关系及其各自投资在总投资中所占的比重。按照经济类型，我国固定资产投资可分为国有经济和非国有经济两种。非国有经济的固定资产投资主要包括集体经济、个体经济和其他经济类型的固定资产投资，而其他经济类型主要是指联营经济、股份制经济、外商投资经济及港澳台商投资经济等。

1980 年以前，由于我国的集体经济和个人经济所占的投资份额非常少，因此在统计年鉴中只有全民所有制单位的固定资产投资额数据。而 1980 年以后，随着改革开放的逐步推进，集体、个人和私营及外资企业等经济主体的投资额开始迅猛增长，目前已经占据了我国经济主体的主要位置。

由表 4.4 我们可以看出，1985 年以后随着我国投资主体趋向多元化，国有经济在投资中的比重逐步下降，已从 1985 年的 66% 下降到了 2005 年的 33%；集体经济所占比重变化平缓，一直在 15% 左右；个体经济所占比重在 20 世纪 90 年代以后逐步降低，大体稳定在 14% 左右；只有其他经济成分发展迅速，从无到有、从小到大，到 2005 年所占总投资的比重已近 40%。

表 4.4 我国固定资产投资的所有制结构变化情况

单位：%

年份	国有经济	集体经济	个体经济	其他经济
1985	66	13	21	—
1990	66	12	22	—
1995	54	16	13	16
2000	50	15	14	21
2003	39	14	14	33

续表

年份	国有经济	集体经济	个体经济	其他经济
2004	39	14	12	35
2005	33	14	16	37

资料来源：由1986—2006年《中国统计年鉴》的相关数据计算得到。

注：自2006年起，《中国统计年鉴》中我国固定资产投资按经济类型进行分类的方法发生了变化，不便与之前的数据进行比较，因此表中数据截止到2005年。

如表4.5所示，在其他经济类型的固定资产投资中，增幅最快的是股份制经济的投资额，它在其他经济类型投资额中所占比重已从1993年的22%增加到2005的71%。但其实在我国股份制经济中，所占比例最大的是国有股份，这说明在我国的投资总额中，国有经济仍占大多数。因此，虽然我国近年来一直在进行着投资主体多元化的体制改革，但投资的所有制格局并没有明显的改变，虽然私营企业和“三资”企业投资有一定的增长，但是还没有达到能够显著影响投资总量的程度，也就是说，国有经济依然占有绝对优势。

表4.5　其他经济类型的固定资产投资比例变化情况

单位：%

年份	联营经济	股份制经济	外商投资经济	港澳台投资经济
1993	5	22	52	21
1995	4	27	48	21
2000	1	60	19	19
2004	1	71	16	12
2005	1	71	15	12

资料来源：由各年《中国统计年鉴》的相关数据计算得到。

4.2.4　我国宏观投资的产业结构分析

投资的产业结构指的是投资在国民经济各产业或部门之间的比例关系，优化产业结构就是按照投资的部门和产业合理配置投资资金，以达到资源的有效配置。一直以来，由于我国相当一部分投资都集中在工业特别是重工业领域，第一、第三产业的投资受到了严重压缩。因此，虽然由此快速发展了我国的重工业，却抑制了其他产业的发展，导致投资产业结构失衡。

投资产业结构的不合理所带来的弊端突现。改革开放以来，我国政府开始逐年降低工业的投资比重，使投资逐渐向第一、第三产业及第二产业中的轻工业等行业倾斜，以实现我国产业结构的优化。

表4.6为2011—2015年我国三大产业的固定资产投资所占比例情况。从中可以看出，由于近年来我国政府加大对农业的扶持力度，投资在第一产业的所占比重从2011年的2.85%上升到2015年的3.12%，说明我国开始重视对农业的投入。但从表4.6中的数据来看，第一产业投资的比重仍然明显偏低；明显低于同时期第二产业和第三产业的投资比重。从表4.6中还可以看出，我国第二产业投资的比重在不断降低，而第三产业（服务业）投资的比重却在逐年提升，几乎历年的投资比重都达到了50%以上，已成为我国主要的投资对象。

表4.6 2011—2015年按产业分类的我国固定资产投资比例变化情况

单位：%

年份	第一产业	第二产业	第三产业
2011	2.85	42.46	54.69
2012	2.93	42.24	54.83
2013	2.50	41.41	56.08
2014	2.69	40.56	56.74
2015	3.12	39.90	56.97

4.2.5 我国宏观投资的区域结构分析

1. 我国东、中和西部地区的投资率

国际货币基金组织（IMF）2016年发布的《世界经济展望》显示，2015年全球GDP总量为77.3万亿美元，人均GDP为10138美元，中国GDP为10.98万亿美元，人均GDP为7990美元，属于中高收入国家。为了避免陷入“中等收入陷阱”，就需要正处在结构调整阵痛期的中国在经济发展过程中转变经济发展方式，寻找新阶段的内生动力，实现经济转型。

虽然我国几十年的经济发展使人均收入达到世界中等水平是世界经济发展史的“增长奇迹”，但我国幅员辽阔，经济发展极不均衡，地区间差异极大，平均投资效率并不能说明中国所有地区的投资状况。因此，本书按照国家统计局对我国东、中、西部三大经济地区的划分对分地区投资率进行测算。如图 4.5 所示，它显示了 2000—2014 年我国东、中、西部地区投资率的变化趋势。

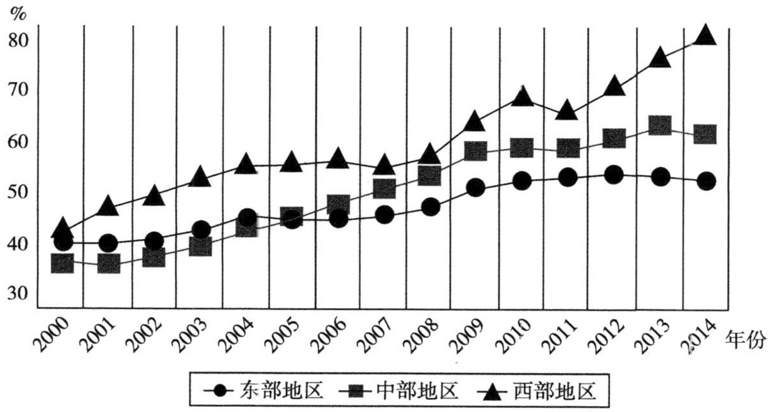

图 4.5 2000—2014 年东、中、西部地区投资率情况

资料来源：根据国家统计局数据计算与绘制。

从发展趋势看，西部地区投资率最高，变动幅度最大。2005 年，中部地区投资率赶超东部地区，居于第二位，自此以后东部地区是 3 个区域中投资率最低的区域。这是由于西部地区正处于经济发展不均衡的阶段，以及为追赶东部地区并缩小区域差距的竞争目的造成的。同时，为了激发其经济潜力，实现区域经济协调发展，自 2000 年提出的“西部大开发”政策正式启动，西电东送、西气东输、南水北调、青藏铁路等重大基础设施建设都表明中央和地方投入大量的财政资金支持西部地区的经济发展。而东部地区投资率的变动幅度不大，可能是因其发展比较均衡，城市基础设施水平相对较好，可开发空间有限。

2. 我国东、中和西部地区的资本边际生产率比较

在过去的经济发展过程中，我国主要依靠投资来拉动经济增长，而投资所带来经济增长的效果在不同地区是不相同的。本节先简单采用资本边际生产率这个指标衡量区域的资本效率（关于投资效率区域对比的详细分析，本书将在第七章进行）。从某种程度上来说，资本边际生产率的高低影响了不同地区的经济发展水平。

从发展趋势来说，3 个地区资本边际生产率的趋势大致形同，都在 2004 年达到峰值，在 2009 年跌入谷底。2009 年，我国推出的 4 万亿元经济刺激计划减缓了全球经济危机所导致的资本边际生产率的下降速度，但也有一些负面影响。如图 4. 6 所示，我国各地区的资本边际生产率从 2010 年起一路急剧下降，至今在 0. 15 左右。首先，从各个区域的视角来看：2000—2008 年，3 个区域的宏观投资效率还存在着一定的差距，其中东部地区最高，投资效率最好，而西部地区最低，投资效率不太理想；2009—2011 年，3 个区域间的差距逐渐缩小；在 2012 年，差距又逐渐扩大，而此时中部地区的投资效率下降速度最快，东部地区的投资效率以平缓的速度下滑，反而是西部地区的投资效率相对第一阶段有所提高。其次，从投资效率变动幅度来看，中部地区变动幅度最大，而东部地区的投资效率表现得相对较平稳。

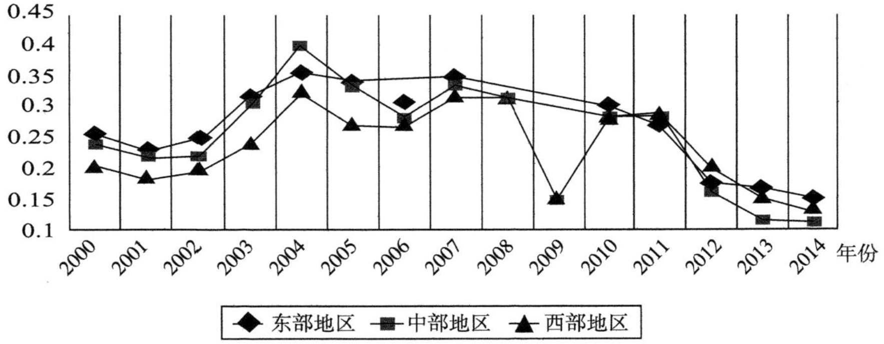

图 4. 6　2000—2014 年我国东、中、西部地区资本边际生产率

资料来源：根据国家统计局数据计算与绘制。

为了研究当前阶段全国各省（区、市）的投资回报情况，本书根据国家统计局的数据，计算出了全国31个省（区、市）的投资率与资本边际生产率。如图4.7所示，上海市、北京市、江苏省、广东省这4个省（市）具有低投资率、高资本边际生产率的特征。我们知道，这4个省（市）的综合实力和竞争力在中国城市中处于最领先的地位，不仅说明这4个省（市）的宏观投资是有效率的，同时还说明这4个省（市）在经济发展过程中一定找到了新的驱动因素。事实上也的确如此，北京是我国的政治与文化中心，上海为“全国的经济中心”，江苏省和广东省是我国的经济大省，经济发展水平位居全国前列。

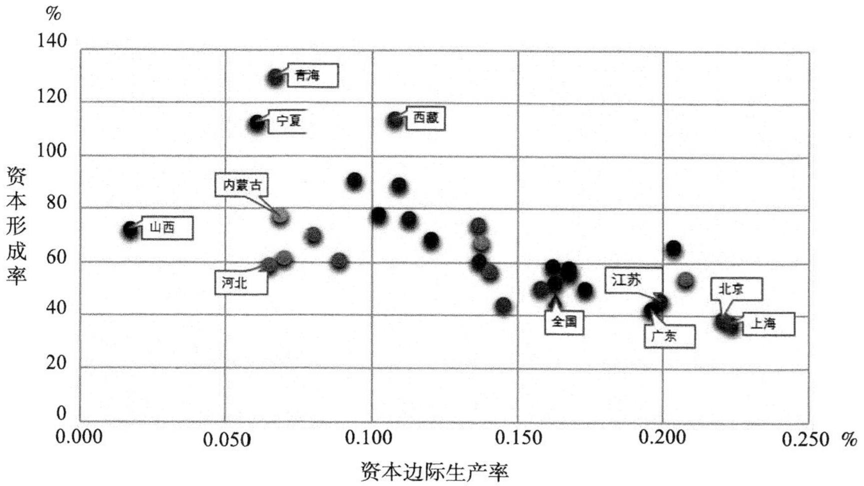

图4.7　2014年中国31个省（区、市）资本形成率与资本边际生产率

资料来源：根据国家统计局数据计算与绘制。

这4个省（市）不仅城市基础设施较为完善，而且非常重视创新驱动发展，在发展新兴产业方面先知先行。在经济下行压力普遍加大的背景下，它们仍然能够在低投资率的情况下保证高投资效率。比如，2015年数据显示，上海制造业增加值占GDP的比重为28.5%，战略性新兴产业增加值占GDP的比重为15%。这意味着，未来5年，制造业总体将保持平稳或略有下行空间，战略性新兴产业占制造业的总比重则比 2015 年提升 30% 左右，不仅为本地经济打造了新的增长引擎，而且为周边地区经济的转型和发展发挥了引领、示范和带动作用。上海提出以创新驱动、提质增效为主线，坚持“高端化、智能化、绿色化和服务化”的发展思路。

上面得到的各省（市）资本边际生产率也给了我们今后经济发展的启示：拥有雄厚的经济基础，相对较完善的基础设施，对周边多个省份具有辐射能力，市场经济发达的地区不会单纯依靠投资拉动经济增长，而是利用其自身区位优势，注重效率投资，从而激发出经济增长的潜力和质量。而中西部地区基础设施较为落后，但与此同时也有极大的潜力，在推进城镇化的过程中扩大城镇规模、增加城镇数量等措施都需要一定规模的投资，这在一定程度上决定了经济发展中高投资率的特点，因此投资率不断上升。尽管如此，在这个过程中，我们仍需要吸取过去的经验，不能将 GDP 增速视为经济发展的主要目标，以牺牲环境、浪费资源、无序扩张等低效投资手段拉动经济增长。否则，高投资率所产生的后果可能是资源浪费、环境破坏、产能过剩等。

4.3 我国投资结构分析的结论与建议

4.3.1 研究结论

即便在经济新常态的转型期，我们仍不可否认投资在经济运行中的重要地位。但在这个充满机遇与挑战的关键阶段，我们更强调投资结构的合理性和有效性，因为投资结构的合理与否关系到我国经济结构的调整。虽然近年来我国进行了投资体制改革，投资来源呈现多样化，多元投资主体取代了单一主体，但是我国宏观投资结构中仍然存在着结构不合理、比例不协调的问题。

我国宏观投资的所有制格局并没有明显的改变，国有经济依然占有绝对优势，政府的主导作用始终没有变化。用于更新改造的投资在一定程度上反映了我国企业技术改造及技术创新能力，更新改造投资比重的下降表明：改革开放以来，我国经济的高速增长只是单纯依靠要素投入的粗放型增长，而不是科技所推动的内涵集约式增长；近年来我国宏观经济的投资正逐步由第二产业向第一、第三产业倾斜，我国的投资产业结构日趋合理。

4.3.2 优化我国投资结构的建议

固定资产投资结构的调整对我国经济结构的升级具有重要的意义，为此我们应努力优化投资结构，促进经济结构的调整和经济增长方式的转变。

在投资的所有制结构方面，我们应加快推进国有企业的改革和投资体制的改革，规范政府投资行为，建立公平竞争的融资环境，提高非国有经济投资的比重，以促进投资效率的提高。

在投资的资金来源结构方面，我们应落实企业投资主体，建立扩大投资自主增长的内在机制，充分调动全社会的积极性；进一步放开对民间资本进入领域的限制，激活民间投资主体。

在投资的使用结构方面，增加我国企业特别是国有企业的技术改造投资力度，提高原材料及能源利用率，加大科技含量，提高行业竞争力；适度引导和控制房地产投资，促进房地产业的良性发展。

在投资的产业结构方面，应继续增加对我国第一产业特别是农业的投入，改善农村基础设施状况，积极解决“三农”问题；增加对高新技术产业的投资力度，实现产业结构的升级；我国第三产业投资总额应保持适度增长，提高第三产业中的高科技含量、知识教育产业的比重，优化第三产业结构。

1. 重视积累和培育人力资本

经济的长期增长由资本增长率、劳动增长率和全要素生产率（TFP）

决定。在一定程度上说，相对于增加资本存量，推动技术进步以提高全要素生产率、提升劳动力素质和质量对经济持续增长的作用更大。如今，中国面临一个新时代的转折点，人口红利的效应已逐渐消失，如何激发经济潜在动力，关键在于如何将人口红利转化成“人脑红利”。相比于传统的资本投入，人力资本有着边际收益递增效应。创新驱动的核心就是提高人力资本的素质，因此在经济新常态的要求下，中国要加大教育的投资比重，完善现有的教育体系，深化教育体制改革，探索人才培养机制，为未来的经济发展提供良好的人力资本，缩短与世界顶尖人才的差距，依靠人力资本的效率提升驱动经济增长。同时，也要加大国外人才的引进工作，以地区集聚效应获取知识外溢所带来的创新和经济发展。

此外，要深入推进“中国制造2025”。尽管我国的经济总量位居世界前列，但仍需要清晰认识到：迄今为止，创新驱动并没有成为我国的主要发展模式，众多产业仍处于全球产业价值链的中低端，还要依赖后发优势占领低端市场。要想从根本上解决中国现阶段面对的挑战，只能围绕创新驱动加快制造业转型升级以应对新一轮的科技革命和产业变革。在美国“先进制造业伙伴计划”、欧洲“再工业化”等制造业战略的提出这一严峻背景下，加快推进“中国制造2025”就显得尤为重要。我国不仅要加大对科技的战略投入，重视并积极推动传统行业的转型升级，还要推进新兴产业和高新技术产业的发展，以期在新一轮科技革命到来之时，站在变革前沿，从根本上提高投资效率。

2. 因地制宜，制定区域投资战略

在今后的经济发展过程中，区域投资战略应该因时而异、因地而异。随着经济发展所处阶段和具体地区的特点不同，区域投资战略也要进行相应调整。中国经济正处于新旧发展动能转换的关键期，要保持持久稳定的经济增长，不能一概而论之，应看到中国区域间经济发展水平的不同，从而发挥出地区间的比较优势。

根据上述分析，东部地区的投资率变化在未来将处于平缓态势，因此东部地区应该充分利用资金、技术、人才、市场等优势资源，在对外开放中激发出供给侧结构性改革的新动力，在创新中打造新引擎驱动力。瞄准世界科技前沿和顶尖水平，努力在科技和信息技术领域取得重大突破，淘汰落后产能，推动产业向专业化和全球产业价值链高端延伸。

中西部地区必然是推动以人为核心的新型城镇化建设的重点区域。中西部地区蕴藏着巨大的发展潜力。中西部地区应该加快挖掘出自身的发展潜力，完善基础设施建设和工业基础，从而承接沿海地区转移来的产业。这不仅能够实现中西部地区经济的快速发展，为中国经济带来新的增长点，还能改善当前钢铁、建筑材料、电力等部分行业产能过剩的境况。在发展过程中，各地区应充分考虑自身的区位因素。例如，内蒙古作为国家重要的能源原材料基地，在经济转型时，应主要解决煤炭产能过剩的问题，协调经济发展与环境污染的突出问题，以积极态度应对生态环境约束趋紧和能源产业的技术升级。再如，贵州省作为典型的内陆省份，除了要全力推进交通基础设施建设，凸显其在西南地区交通枢纽的地位，实现对外互联互通外，还要依靠其独有的生态环境发展旅游业、现代农业、医药业等产业，培植后发优势。只有中西部地区的经济发展起来，才能借助其特殊的地理位置辐射周边地区，以实现与亚洲其他国家的互动联动效应。

5 我国资本存量的测算[①]

资本存量K是进行宏观经济研究的重要指标，它是研究中国经济增长、投资效率、生产函数和全要素生产率（TFP）等问题的基础。但由于目前我国在资本方面的统计力量薄弱，缺乏官方的相关数据，因此近年来国内外许多学者在此领域展开了研究。由于采取的假设和数据处理方法不同，因此所得的估算结果差异较大，为后续相关的实证研究带来了不便。下面本书将对资本存量的已有研究方法和分析结果进行总结和梳理，并基于新的统计数据，对我国1952—2015年的资本存量进行重新估算。

5.1 资本存量测算方法

国内学术界已经有许多对我国资本存量测算的研究，其中张军等（2004）、单豪杰（2008）、李宾（2011）等学者的研究比较有代表性。这些已有的研究普遍基于戈登史密斯（Goldsmith）于1951年开创的永续盘存法（PIM），该方法采用相对效率几何递减模型，其基本公式为

$$K_t = K_{t-1}(1-\delta_t) + I_t/P_t \tag{5.1}$$

其中，K_t表示第t年的资本存量；K_{t-1}表示第$t-1$年的资本存量；I_t表示以当年价格计算的第t年的投资；P_t表示第t年的投资价格指数；δ_t表示第t年的折旧率。

① 本章内容来自本课题阶段性成果：雷辉，张娟．我国资本存量的重估及比较分析：1952—2012［J］．经济问题探索，2014（7）：16－21.

基于公式（5.1），已有的研究所遵循的分析思路主要有3个步骤：第一，基期资本存量的估算；第二，计算各年的资本流量（即各年资本存量的净增加额）；第三，在基期资本存量的基础上，在可比价格的前提下，逐年累计各年的资本流量，从而得到以后各年的资本存量。这一过程涉及4个关键变量：①基期资本存量K_0的确定；②当年投资I的选取；③投资价格指数的构造；④折旧率的选取。尽管已有的文献研究思路基本一致，但在这个关键变量的处理上却差异较大，这无疑会影响估算结果。下面本书将就这4个关键变量的选取进行比较分析。

5.2 资本存量测算的主要变量

5.2.1 当年固定资产投资指标I的选取

已有研究对当年投资指标的选取主要分为以下3种：

一是MPS体系下“积累”的概念及其相应的统计口径。如早期的研究张军扩（1991）、贺菊煌（1992）、邹至庄（1993）及张军和章元（2003）。运用积累额可以回避掉对折扣进行处理的难题，但是自1993年起，新的联合国国民经济核算体系（SNA）已不再公布积累数据，也没有相应的价格指数，所以无法沿用此法。

二是采用全社会固定资产投资，如王小鲁（2000）、黄永峰和任若恩（2002）、张军等（2002）及王益煊等（2003）等。全社会固定资产投资的时间序列，而且关于其构成结构的数据也比较完善，并且它是我国在MPS（物质产品平衡体系）和SNA体系下都公布的一个投资指标，但该指标与SNA的统计体系不相容，并且这个指标不能很好地测算中国总的资本存量的变动，且低估了总投资规模。[①]

---

① 单豪杰．中国资本存量K的再估算：1952—2006年［J］．数量经济技术经济研究，2008(10)：17-31.

三是采用固定资本形成总额，如何枫等（2003）、李治国等（2003）、张军等（2004）、徐现祥等（2007）和单豪杰（2008）。1993年以后，统计年鉴所公布的“固定资本形成总额”可以被视作未扣除折旧的投资指标，它与经济学所指的I是一致的。实际上，国家统计局在编制固定资本形成总额的数据时，就是以全社会固定资产投资额为基础，通过一定的调整计算而得，因此大部分年份这两列数据的值相差不大，其增长趋势和数值都基本相同。

从国际同类研究来看，《OECD资本度量手册》（2001）也建议使用固定资本形成总额作为投资流量。尤其是近年来在中国统计局新的补充和调整数据发布之后，我国学者更多倾向于使用固定资本形成总额作为当年的投资指标。

因此，与全社会固定资产投资额相比，固定资产形成总额的应用更为广泛，估计精度也稍优于前者。因此，和大多数的研究一样，本书也将选用固定资产形成总额作为衡量当年投资的指标。

5.2.2 固定资产投资价格指数的选取及构建

由于价格变动的因素，各年的投资值是不可比较的，因而本书在运用永续盘存法计算资本存量时，必须将当年以价格表示的投资用一定的价格指数进行平减，以折算成以基期不变价格表示的实际值。

在SNA体系下，核算我国不变价的固定资本形成总额是利用固定资产投资价格指数来缩减现价固定资本形成总额的。但由于我国在1993年才开始每年公布固定资产投资价格指数，因此现有的《中国统计年鉴》只有1991年之后的数据。那么，对于1991之前的固定资产投资价格指数，现有文献对其有如下解决方法：

（1）利用积累指数。在MPS体系下，张军扩（1991）利用官方初步统计数据调整得到积累指数；贺菊煌（1992）使用国家统计局提供的历年积累指数，鉴于从1993年开始我国已不再公布积累方面的数据，此后应用该指数的研究较少。

（2）选用其他价格指数代替。王小鲁（2000）直接用GDP缩减指数替代；在美国生产率研究中，Jorgenson（2001）认为可以用耐用消费品价格指数或批发价格指数代替固定资产投资价格指数；黄勇峰和任若恩（2002）直接利用零售物价指数替代；宋海岩等（2003）用全国建筑材料价格指数代替；张军和章元（2003）使用上海市固定资产投资价格指数代替全国的指数。

（3）自行构造该指数。Jefferson等（1992）将建筑安装平减指数和设备购置指数进行加权平均得到投资价格指数；Chow（1993）利用统计年鉴公布的积累指数计算出积累隐含平减指数再平减各期的积累额；李治国等（2003）将全国固定资产投资价格指数对上海市固定资产投资价格指数进行回归，推算1991年以前全国固定资产投资价格指数。何枫等（2003）根据1952—1995年的资本形成总额及其指数计算出该期间的固定资产投资价格指数。张军（2004）利用1952—1991年的固定资产形成总额及其指数，计算出了该期间的固定资产投资隐含平减指数；单豪杰（2008）同样以此方法计算了以1952年为基期的1952—2004年的投资价格平减指数。

在各种替代方法中，隐含的固定资本形成价格平减指数被认为是最合适的。为保持指标口径的一致性，本书将采用张军（2004）、单豪杰（2008）的方法，利用固定资本形成总额指数平减各期的固定资产投资额，计算以1952年为基期的固定资本形成价格指数，以消除价格等因素变动的影响。

我们可以利用国家统计局出版的《中国国内生产总值核算历史资料（1952—1995）》《中国国内生产总值核算历史资料（1952—2004）》提供的1952—2004年的固定资本形成价格指数，计算该期间的固定资产投资价格指数，具体公式为

$$\text{某年的固定资产投资价格指数}(1952=1)$$
$$=\frac{\text{某年的固定资本形成总额(当年价)}}{\text{1952 年的固定资本形成总额(1952 年价)}\times\text{某年的固定资本形成指数}} \tag{5.2}$$

对于2004年以后的数据，本书则直接采用国家统计局出版的《中国

统计年鉴》公布的固定资产投资价格指数。这样就得到了我国1952—2015年的固定资本投资价格指数序列（1952 =1）。

5.2.3 基期资本存量 K_0 的确定

对于基期，已有研究一般分别定为1952年、1978年和1980年。对于中国早期的固定资本存量数据，《中国统计年鉴》并没有公布，因此要确定基期的资本存量，一般都采取估算的方法。由于学者们对此的理解和方法不同，因此得出的基年资本存量的差别较大。

对于基期资本存量的计算，目前有如下几种方法：

（1）利用资本产出比进行推算。张军扩（1991）援引美国经济学家帕金斯的假设（假定我国1953年资本产出比为3），并利用我国1953年的国民收入数据，推算出我国1952年的资本存量为2000亿元左右（1952年价格）。何枫等（2003）沿用张军扩（1991）的观点，假设中国1953年的资本产出比为3.487，再利用1953年的国民收入推算出我国1952年的资本存量为5428亿元（1990年价格），我们将其折算成1952年的不变价格约为2915亿元。

（2）利用调查数据进行推算。邹至庄（1993）利用我国1952—1985年国有企业、城镇集体企业、乡村集体企业及个人的固定资产和流动资产积累的年度数据，最终推算出我国1952年的资本存量为1030亿元（1952年价格）。王益煊等（2003）根据财政部提供的国有单位分行业、分资产种类的固定资本存量调查数据，得出1978年的资本存量净值为152864亿元。

（3）等比例法推算。贺菊煌（1992）假设生产性资本1964—1971年的平均增长率等于1971—1978年的平均增长率，用迭代法推导1964年的资本存量，并假定非生产性资本是生产性资本的一个比例，由此估算出1952年我国生产性资本存量为946亿元（1990年价格）。为了便于比较，本书将其折算成1952年的不变价格约为508亿元。张军和章元（2003）

按上海市投资占全国总投资的比例、1952 年全国国有工业企业的固定资产净值占固定资产原价的比例、年工业企业 GDP 占全国 GDP 的比例，以及农业资本存量等估计值，最后得出我国 1952 年的资本存量为 800 亿元（1952 年价格）。

（4）用基期的固定资本形成额除以某个具体数值作为基期的资本存量。Hall 和 Jone（1999）在估计各国的资本存量时，就用 1960 年的投资除以 1960—1970 年各国投资增长的几何平均数加上折旧率后的比值。Young（2000）用类似的方法估算 1952 年中国的固定资本存量约为 815 亿元（1952 年价格）。单豪杰（2008）用 1953 年的资本形成总额比上 1953—1957 年的固定资产形成平均增长率和折旧率之和，估算了我国 1952 年的资本存量为 342 亿元（1952 年价格）。

（5）按照永续盘存法的要求，利用相对效率序列加权累积得到。黄勇峰、任若恩等（2002）利用 1921—1978 年的投资序列估算了我国 1978 年制造业的资本存量。计志英（2003）通过构建 1921—2000 年生产性建筑投资和设备投资序列，估算出 1978 年的固定资本存量。

除此之外，在王小鲁和樊纲（2000）的研究中，他们称“根据反复推算将 1952 年的资本存量设为 1600 亿元（1952 年价格）”，但对具体估算方法并没有说明。

上述基期资本存量的估算方法，或多或少都存在一些不足之处。比如第一种方法，假定国民收入与资本存量之间存在一个固定的比率，这种假定是比较主观的；再如，假定资本在一段时间内的平均增长率不变也不合理，因为随着经济的发展，资本的增长率肯定是变化的，而且根据现实情况，资本的增长率是递增的。

在永续盘存法的含义中，如果所选择的基期越早，那么基期资本存量估算的误差对后续年份的影响就会越小，因此考虑到数据的可得性及与同类研究的可比性，本书选用的基期是 1952 年，并将不变价格设为 1952 年的不变价格。

在基期资本存量的估计方面，本书用上述第四种方法 $K_0 = I_0/(g+\delta)$，并根据1921—1952年的固定资本投资数据（黄永峰等，2002），发现在1952年之前，我国投资增长率的几何平均数和算术平均数非常接近，都是$g=0.377\%$，说明这一增长率非常稳定（黄宗凯2008）。结合初始年的投资I_0为80.7亿元（1952年价格）；折旧率δ为9.6%，得到基期1952年的固定资本存量k_0为811.91亿元（1952年价格）。

实际上，由于本书研究的时间跨度已足够长（1952—2012年，总计61年），因此基期估算误差对后续年份资本存量测算结果的影响将不会显著。通俗地说，无论本书采用1952年基期的资本存量为800亿元还是1200亿元，最终所得到的我国1952—2015年资本存量的测算结果几乎没有什么差别。

5.2.4 经济折旧率δ的确定

从已有的研究中我们可以看到，资本存量的估计对折旧率的变化最为敏感。已有研究的处理方法主要有以下几种：

（1）绕开折旧，利用MPS下剔除折旧的“积累”作为投资指标。如张军扩（1991）、贺菊煌（1992）、Chow（1993）及张军、章元（2003）等用积累表示新增资本，避开了折旧率的选择难题。

（2）利用国民经济恒等式推算。如邹至庄（2000）利用国民收入恒等式（折旧额=GDP-国民收入+补贴-间接税）推算出1978—1993年的全国折旧额；徐现祥等（2007）参照此思路，依照GDP收入核算公式（国内生产总值=劳动者报酬+固定资产折旧+生产税净额+营业盈余）推算得到。

（3）利用官方公布的折旧额。邹至庄（2000）通过汇总各省折旧得到各年的全国折旧额。李治国和唐兴国（2003）直接借用Chow（1993）估算的1994年前的折旧额，1994年后的通过各省（区、市）的折旧额加总得到1994—2000年的全国折旧额数据，以此得到1978—2000年折旧额的完整序列。

（4）自行设定折旧率。如王小鲁（2000）、Wang和Yao（2001）假定

5%的折旧率。Young（2000）假定6%的折旧率，这也是Hall和Jones（1999）研究127个国家资本存量时采用的折旧率。

（5）根据宏观经济环境的差异估算不同时期的折旧率。如刘海岩等（2003）认为使用同一个折旧率无法反应不同地区资本的差异，于是假定每个省份的折旧率等于全国的折旧率加上本省的GDP增长率。张健华、王鹏（2012）根据改革开放前后会计制度的变化情况，充分利用固定资产折旧数据，将各省折旧率分为1952—1978年、1979—1992年和1993—2010年这3个时期进行估算，具体的估算方法及结果可以参考原文献。

（6）按照PIM方法，将资本分类分别估计折旧率，然后加权平均得到总的折旧率。具体说来，也就是基于Jorgenson（2001）资本的相对效率几何递减模型，按照资本品的构成部分：第一部分是建筑安装工程，第二部分是设备工器具购置，剩余部分为其他费用。根据它们的不同使用寿命分别估算折旧率，然后加权得到资本品的折旧率。黄勇峰等（2002）在法定残值率下，假定建筑40年和设备16年的寿命期，以此估算各类资本品的折旧率。张军等（2004）、单豪杰（2008）、黄宗远等（2008）、叶宗裕（2010）、白重恩等（2014）也是通过将资本品分成建筑和机器设备，利用残值率和寿命期分别估计各类资本品的折旧率，然后加权平均得到总资本的折旧率，这也是目前大多数研究所用的方法，只是在投资分类和寿命期的设定上，各个研究有所不同。

第一种方法虽然避开了折旧率的问题，但在新的核算体系下，积累额的数据不再公布，因此不能再用；第三种方法利用折旧额数据代替折旧率的计算是可取的，但是我国现有统计资料中的折旧数据并非经济折旧，当用永续盘存法计算资本存量时，该数据不能很好地估算资本存量；而第四种方法假设一个不变的折旧率是不可取的，因为不论是从时间还是从空间上来看，折旧率都不是一成不变的，经济发展程度越高，折旧率应该相应地越高。因此，本书将参考第四种分时段计算法，并且利用国家统计局发布的投入产出表的相关数据设定折旧率，这样的处理方式相对比较合理。

目前，几何相对效率模式——资本品的相对效率按几何方式递减，被广泛应用于国际资本测量的实证研究中，因为在这种模式下，折旧率等于重置率且为常数。因此，本书也假定资本品的相对效率是按几何方式递减的。假设我国第 t 年的资本存量为 K_t，第 t 年新增固定资本形成额为 I_t，第 t 年固定资本形成价格指数为 P_t，折旧率为 δ。为表述方便，设 $\varphi = 1 - \delta$，则有 $\delta = 1 - \varphi$，那么根据永续盘存法，第 t－1 年末的折旧额为

$$\alpha_{t-1} = K_{t-1} * \delta = K_{t-1} * (1 - \varphi) \tag{5.3}$$

因此，第 t 年的资本存量为

$$K_t = K_{t-1} * (1 - \delta) + I_t = K_{t-1} * \varphi + I_t \tag{5.4}$$

利用我国官方公布的投入产出表中 1990—2007 年的数据，根据式（5.3），可以得出 2007 年的资本存量为

$$K_{2007} = (K_{2005} * \varphi + I_{2006}) * \varphi + I_{2007} \tag{5.5}$$

而折旧和资本存量的关系为

$$K_{2005} = \frac{\alpha_{2005}}{P_{2005} * \delta} = \frac{\alpha_{2005}}{P_{2005} * (1 - \varphi)} \tag{5.6}$$

$$K_{2007} = \frac{\alpha_{2007}}{P_{2007} * \delta} = \frac{\alpha_{2007}}{P_{2007} * (1 - \varphi)} \tag{5.7}$$

其中，P_t 为第 t 年的固定资产投资价格指数。

对于固定资产折旧额，我们可以从国家统计局公布的投入产出表中得到。那么，我们把（5.6）式、（5.7）式代入（5.5）式，通过解方程可以得到 φ，进而可以得到折旧率 $\delta = 1 - \varphi$。根据已有的投入产出表（1990、1992、1995、1997、2000、2002、2005、2007），我们可以类似地根据（5.4）式进行推算。具体过程为：假定 1990—2007 年折旧率不变，可计算得到该期间的折旧率为 9.32%。同理，分别假设 1990—1995 年、1995—2000 年、2000—2005 年折旧率不变，计算出对应的折旧率分别为 8.37%、9.23%、9.54%。同时，以此为基础进行校正分析，以使本书的分析结果更为准确。

并且，对于 1952—2015 年的资本折旧率，我们还可以分时段进行计算，这点本书借鉴了黄宗远（2008）的思路。从《中国统计年鉴》中可以

看出，1952—1977 年的折旧率为 3% ~3.5%，变化不大，本书因此将该时段的资本折旧率均假定为 3.2%。1978 年改革开放以后，我国经济发展速度加快，资本品的“有形磨损”变大，由于技术进步使资本品以更快的速度被淘汰，企业也开始重视折旧基金的提取，因此折旧率有所提高。参考王小鲁（2000）、Wang 和 Yao（2001）的思路，本书设定该时期的折旧率为 5%。1992 年我国逐步进行市场化改革，本书根据投入产出表和上文中的推导公式，估算的经济折旧率为 9.32%。

5.3 全国资本存量的测算结果及比较分析

根据上述讨论，利用公式（5.1），1952—2015 年我国资本存量（1952 年价格）的估算结果如表 5.1 所示。

表 5.1 1952—2015 年我国资本存量的估算结果（1952 年价格）

单位：亿元

年份	资本存量	年份	资本存量	年份	资本存量	年份	资本存量
1952	812.0	1968	2626.6	1984	9915.9	2000	49221.7
1953	858.8	1969	2804.7	1985	11014.3	2001	54445.0
1954	915.7	1970	3108.8	1986	12219.1	2002	60520.4
1955	980.8	1971	3437.8	1987	13639.5	2003	68240.7
1956	1122.9	1972	3749.6	1988	15155.6	2004	77283.0
1957	1219.5	1973	4071.3	1989	16141.4	2005	88935.5
1958	1473.6	1974	4450.1	1990	17113.8	2006	102268.1
1959	1780.9	1975	4915.6	1991	18386.6	2007	117009.7
1960	2092.4	1976	5313.4	1992	20173.5	2008	132789.3
1961	2128.3	1977	5706.5	1993	22616.1	2009	149387.6
1962	2095.2	1978	6217.9	1994	25590.5	2010	167463.5
1963	2090.1	1979	6733.1	1995	28993.8	2011	188061.5
1964	2164.6	1980	7319.2	1996	32681.4	2012	210440.8
1965	2300.1	1981	7756.3	1997	36406.3	2013	231074.6

续表

年份	资本存量	年份	资本存量	年份	资本存量	年份	资本存量
1966	2484. 1	1982	8334. 0	1998	40460. 4	2014	249032. 2
1967	2565. 8	1983	9014. 0	1999	44663. 5	2015	265835. 3

如图 5. 1 所示，与张军和章元（2003）及何枫（2003）的研究结果相比，本书的估计值相对较小，其原因可能如下：

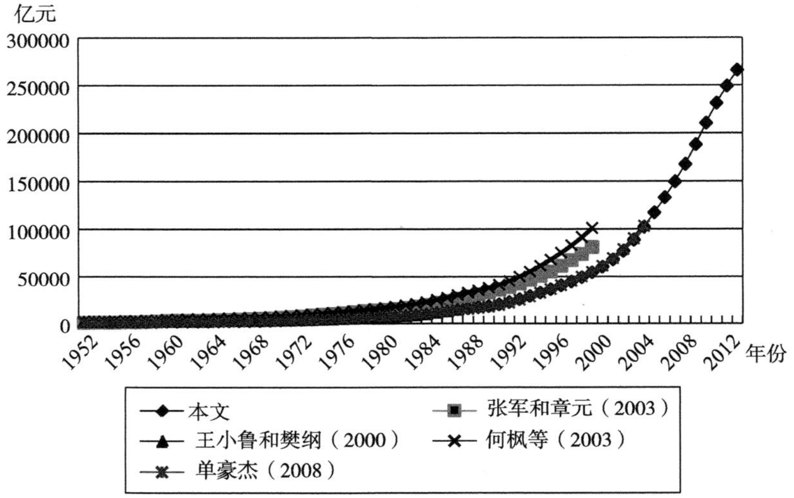

图 5. 1　1952—2012 年测算结果与已有研究结果的比较（1952 年价格）

（1）何枫等（2003）在估计资本存量的时候，由于没有考虑折旧，因此他们估算的实际上是总资本存量，所以数值最高。

（2）张军和章元（2003 ）选择以生产性积累作为当年投资的指标，并通过固定资产投资拟合出 1993 年以后各年的生产性积累数据（拟合的原因是自 1993 年起，SNA 体系已不再公布积累的数据）。但实际上在 1993 年以后，我国的固定资产投资增长飞速，因此这一拟合将高估 1993 年以后的生产性积累，致使最后资本存量的估计数值偏高。

并且，张军和章元（2003）在研究中采用上海的固定资产投资价格指数代替全国的指数，但实际上我国三大直辖市的投资价格指数恰恰是全国各个省（区、市）中最低的（张军等，2004），也就是说，他们的研究低估了我国的固定资产价格指数，这也导致了最后的估算数值偏高。

实际上，本书的测算结果与王小鲁和樊纲（2000）、单豪杰（2008）的估算结果较为接近，原因可能有两点：

第一，王小鲁和樊纲（2000）采用的是5%的折旧率，而本书采用的是分时段不同的折旧率。但是，之所以其研究结果与本书的测算结果接近，可能因为他们为考虑我国投资中的浪费现象而引入了固定资产交付使用率的概念。

第二，本书的测算结果与单豪杰（2008）的结果也较为接近。原因主要是对变量指标的选择与数据的处理基本相同，唯一的差别在于估计折旧率的方法不同。单豪杰（2008）认为“其他费用”是依附在建筑和机器设备上的，在确定建筑和设备折旧率后，根据《中国统计年鉴》提供的二者之间的结构比重对折旧率进行加权平均得出每年的折旧率。而本书虽然没有采取完全变化的折旧率，但采取的也是部分变化的分时段的折旧率，特别是1992—2002年的折旧率，是利用投入产出表提供的固定资产折旧数据，结合《中国统计年鉴》的数据，根据上面的推导公式计算得出该时段的折旧率为9.32%。

5.4 我国的资本产出比及对估算结果的检验

本节根据前文的测算结果，计算出改革以来我国的资本产出比情况，以检验前面的估算结果是否合理。相关内容如表5.2和图5.2所示。

表5.2 1978—2015年我国的资本产出比情况

单位：%

年份	资本产出比（K/Y）	年份	资本产出比（K/Y）	年份	资本产出比（K/Y）
1978	1.729	1991	1.661	2004	2.124
1979	1.742	1992	1.595	2005	2.078

续表

年份	资本产出比（K/Y）	年份	资本产出比（K/Y）	年份	资本产出比（K/Y）
1980	1.757	1993	1.576	2006	2.130
1981	1.779	1994	1.583	2007	2.169
1982	1.756	1995	1.623	2008	2.183
1983	1.712	1996	1.670	2009	2.255
1984	1.720	1997	1.709	2010	2.169
1985	1.646	1998	1.762	2011	2.161
1986	1.717	1999	1.815	2012	2.162
1987	1.678	2000	1.852	2013	2.159
1988	1.685	2001	1.906	2014	2.156
1989	1.713	2002	1.976	2015	2.158
1990	1.688	2003	2.055		

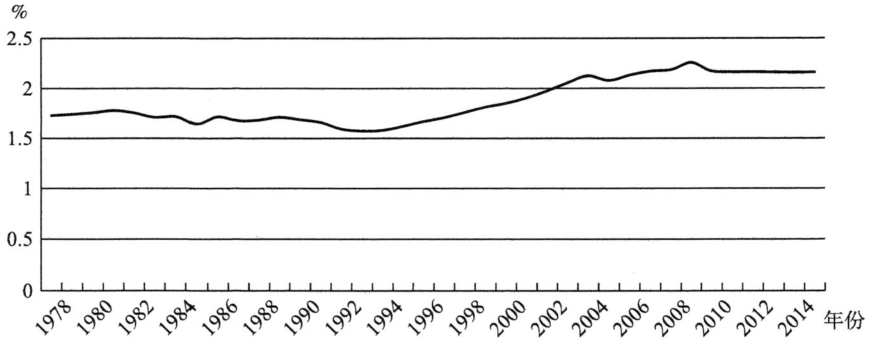

图 5.2 1978—2015 年我国的资本产出比趋势

与其他学者对资本产出比的研究结果相比，本书的结果与王小鲁和樊纲（2000）的结果大体一致，比张军、章元（2003 ）的计算值要小一些，但可以看出变化趋势基本一致。不过，西方发达市场经济国家的资本产出比一般也在2.5 左右，作为发展中国家，本书估算的资本产出比似乎偏低，可能有以下原因：

第一，进行资本存量的估算时没考虑土地因素。若加上土地资本，根据本书测算的数据所得出的资本产出比将达到发达国家的水平第二，与西方发达市场经济国家相比，我国现阶段的劳动密集型产业较多，资本相对稀缺，资本的边际效率相对较高，也可能是我国资本产出比低的原因。

从图 5.2 中资本产出比的具体走势来看，1978—1998 年，我国的资本产出比基本保持稳定，大致为 1.6 ~ 1.7。从 1999 年开始，我国的资本产出比开始超出 1.7，并逐年上升，到 2012 年已经上升到 2.3 左右。这其实和我国的经济实际情况是相符合的：自 1999 起，由于我国出现了严重的通货紧缩现象，政府为启动经济、扩大内需而加大投资力度，因此使我国的资本产出比持续上升。2008 年，受到美国次贷危机引发的国际金融危机的影响，我国开始新一轮的经济刺激计划，我国的资本产出比从 2009 年开始大幅上升，但从 2011 年开始，我国的资本产出比因受经济增长放缓的影响开始略微回落。

不过，从 1978—2015 年的总体趋势看，我国的资本产出比在持续上升，说明我国近年来资本的生产率在下降，我国正在经历一个资本深化的过程。

6 我国分行业资本存量的测算及投资效率的比较分析[①]

6.1 分行业资本存量测算的文献综述

总体说来，与研究全国资本存量的状况不同，已有的各类文献对我国各行业的资本存量或投资效率的研究较为匮乏。即便有，多数也只是局限在对工业或某单一行业的分析，缺乏行业间的总体分析与比较。而在行业资本存量的测算方面，不同的研究由于基年设定、模型假设及数据处理方法的不同，研究结果也存在一定差异。下面本书将聚焦行业层面，对我国分行业的资本存量进行测算与比较分析。

在分行业层面已有的研究中：黄勇峰等（2002）利用永续盘存法，根据 1980 年工业普查中各行业的固定资产原值的构成计算了拆分比例，用这个比例将 1978 年的资本存量拆分到制造业各行业中，并利用推导出的折旧率，估算出了 1978—1995 我国制造业分行业的建筑资本存量和设备资本存量。薛俊波、王铮（2007）则对相关行业进行了细分和合并，运用投入产出表中的折旧额及通过迭代估算得到的折旧率计算了基期资本存量，进而估算出了 1990—2000 年中国 17 个部门的资本存量。范建双等（2012）基于永续盘存法，利用建筑业分行业的固定资产原值占整个行业的固定资产

① 本章节内容来自本课题的阶段性成果：雷辉，潘欣．中国分行业资本存量的测算及行业间投资效率的比较分析：1990—2014 [J]. 上海对外经贸大学学报，2016 (6)：40－52，63.

原值的比例，对1980—2009年建筑业分行业的资本存量进行了测算。翁宏标、王斌会（2012）在薛俊波、王铮（2007）研究的基础上，同样利用投入产出表的数据，估算了1987—2009年我国8个部门的资本存量。孙琳琳、任若恩（2014）以行业生产性资本为基础，采用和SNA1993框架一致的概念，对资本存量和资本流量进行了一致性估算与国际比较。

因此，已有的研究可能由于获取相关数据的途径不同，抑或对折旧率处理方法的不同，或者是研究中所做的假设不同，致使不同的研究在结果上存在较大的区别。并且，研究分行业的资本存量时，由于行业统计标准口径问题，需要对已有行业进行合并，缺失数据的处理对研究结果也会产生一定的影响。鉴于行业数据处理的复杂性，本书将在尽可能减少假设基础的前提下，对分行业的资本存量进行估算，并结合投入产出表中的行业划分及国家统计标准中的行业分类，对所研究的行业进行了合并，以降低划分过细导致的过程处理的复杂度和误差。在此基础上，对我国各行业的宏观投资效率进行计算和比较。

6.2 测算中4个关键变量的选取

同前文全国和地区资本存量的测算方法一样，本书这里仍采用Goldsmith的永续盘存法，即利用公式$K_t = I_t + (1 - \delta_t) K_{t-1}$进行测算。因此，同样涉及4个关键变量的选取问题。

首先，基期资本存量的估计问题。在全国资本存量的测算中，由于历史数据比较容易取得，所以大多数研究的基期一般选择为1952年。但在分行业的基期资本存量的测算上，数据的可得性较差，相关的研究文献也较少，并且大多数学者的研究主要集中在某些行业。如黄勇峰等（2002）估算我国制造业分行业资本存量时，将基期定在1978年；薛俊波、王铮（2007）利用投入产出表中的折旧额及相关折旧率计算得到1990年为基期的资本存量；范建双等（2012）在测算建筑业资本存量时，则是用1981年的建筑业全社会固定资产与10%的比值当作资本存量（以1980年为基期）；孙琳琳、任若恩（2014）基于一定的资产寿命假设，先通过计算得到以1980年为基期的总资本存量，再根据1985年工业普查中的固定资产净值比例，得到行业层面的基期资本存量。

在借鉴已有研究的基础上，本书将运用投入产出表中的折旧额数据，通过迭代运算并剔除掉异常值得到相应的折旧率，估算出我国分行业的基期资本存量。鉴于时间跨度过大可能导致结果的误差加大，以及考虑到数据的可获得性，本书选取1990年为基期。

其次，固定资产投资价格指数的确定，在计算分行业的固定资产投资价格指数时，对于1990年之前的数据，薛俊波、王铮（2007）直接用上海市的固定资产价格指数替代全国的固定资产价格指数，以此作为各行业的固定资产投资价格指数。范建双等（2012）则利用我国1980—1990年的固定资本形成总额及其指数等数据，计算得到该期间的固定资本缩减指数，以此作为我国行业的投资价格指数。钦晓双、孙成浩（2014）将投资分为三类资产，假设三者的固定资产投资的价格指数相同，进而使用隐性价格指数计算出总的固定资产投资价格指数。

鉴于数据的准确性和可得性，本书将研究期限选定为1990—2014年。由于在此期间内全国的固定资产投资价格指数可以直接在统计年鉴上查得，因此本书假设我国分行业的固定资产投资价格指数等同于全国的固定资产投资价格指数，以1990年为不变价，具体数据如表6.1所示。

表6.1　1990—2014年固定资产投资价格指数（1990年不变价）

年份	指数	年份	指数	年份	指数
1990	1	1999	1.965	2008	2.517
1991	1.095	2000	1.987	2009	2.456
1992	1.263	2001	1.995	2010	2.545
1993	1.599	2002	1.999	2011	2.713
1994	1.765	2003	2.043	2012	2.743
1995	1.869	2004	2.157	2013	2.751
1996	1.944	2005	2.192	2014	2.772
1997	1.977	2006	2.225		
1998	1.973	2007	2.312		

再次，当年的行业固定资产投资数据的选取。在计算全国每年新增资本时，大多数研究直接用固定资产形成总额衡量当年的投资。在行业的固定资产投资测算中，范建双等（2012）使用的是建筑业的固定资产投资，由于2001年该数据缺失，因此作者利用2000年及2002年建筑业的投资占全国总投资的比值，得到2001年建筑业的固定资产投资数据。陈正其（2013）利用固定资产投资额和固定资产交付使用率的乘积得出新增固定资产表示每期的资本流量。具体计算中国分行业固定资产投资额时，薛俊波、王铮（2007）利用全国的基本建设投资和更新改造投资之和占整个固定资产投资的比例，以及分行业的基本建设投资和更新改造投资的相关数据，计算得到分行业的年固定资产总投资。翁宏标、王斌会（2012）则采取三次样条插值及比值法处理缺失的数据，采用各行业的不同比例估算了各行业的固定资产投资。

一般说来，固定资本形成总额可以被视作未扣除折旧的投资指标，它与经济学中的投资概念是一致的，因此用固定资产形成总额计算资本存量更有说服力。但是，鉴于分行业具体数据的可得性，本书选取固定资产投资计算资本存量，具体缺失数据的处理将在下文详述。

最后，将涉及折旧率的计算问题。在分行业折旧率的计算研究中，黄勇峰等（2002）在计算制造业分行业的资本存量时，认为折旧率和重置率只有在资本品寿命期内资产效率按几何方式递减时才是相等的，并设定制造业建筑折旧率为8%，设备折旧率为17%。薛俊波、王铮（2007）则利用已有年份的投入产出表中的各行业折旧额和永续盘存法的迭代公式计算了未提供折旧额年份的折旧率。翁宏标、王斌会（2012）也在上述方法的基础上，计算了1987—2009年我国分行业、分时间区间的折旧率并剔除了异常值。钦晓双、孙成浩（2014）在计算基期工业中各行业资本存量时，将其拆分为建筑安装工程，设备、工器具安装和其他三类，通过寿命假设得出三类资本品的折旧率依次为8%、18.22%和14.87%。

在上述研究的基础上，本书将利用已有官方的投入产出表中的折旧额和迭代公式首先计算出各行业的折旧率，进而再计算出对应年份的资本存量，详细的计算方法在下文阐述。

6.3 行业的细分与合并

鉴于数据的完整性和行业划分的复杂性，研究分行业的资本存量时，需要对行业进行细分与合并。薛俊波、王铮（2007）在测算中国 17 个部门的资本存量时，对服务业进行合并，同时对制造业进行了细分。翁宏标、王斌会（2012）在对 1978—2009 年分行业资本存量进行估算时，对第三产业采用了合并以确保一定的数据匹配度，除了金融业明确作为一个独立行业外，其他服务业均被合并到一个大类中，最终研究的行业为 7 个。蔡真（2013）在测算工业行业的资本回报率和分析行业差异时也采用了行业合并的方法。

由于我国统计局对国民经济行业的分类在不同时期标准不同：2002 年之前将国民经济一共分为 16 个行业，从 2003 年开始，国家统计局将我国国民经济分为 20 个行业，并且分类更为详细。因此，为了提高数据的匹配度与计算结果的精确性，本书也将根据统计局的分类标准和投入产出表中的分类，对国民经济行业进行合并：将第三产业中的交通运输仓储和邮政业、金融业两类单独列出，其余则列为其他服务业。最终，本书包括的研究行业分为：农林牧渔业，采矿业，制造业，电力、燃气及水的生产和供应业，建筑业，交通运输仓储和邮政业，金融业及其他服务业，一共七大产业。

6.4 对数据缺失问题的处理

与全国或省际资本存量测算情况不同的是，计算分行业的资本存量时，一定程度上或多或少会存在原始数据的缺失问题：历年的《中国统计年鉴》和《中国固定资产投资统计年鉴》只提供了 1990—2002 年我国按国民经济行业划分的基本建设投资和更新改造投资、1996—1998 年及

2002—2014 年按行业划分的固定资产投资。也就是说，存在着数据缺失，而处理缺失数据的方法也会对结果产生一定的影响。

根据已有的官方统计资料所提供的 1996—1998 年及 2002 年各行业的固定资产投资总额，以及按行业划分的基本建设投资和更新改造投资额的数据，可计算出这四年各行业基本建设投资和更新改造投资之和占固定资产投资总额的比重，由于不同年份的比例数据存在一定差异，本书把计算得出的每个行业这 4 年比例的平均值当作每个行业的比例：农业为 0.242，采矿业为 0.704，制造业为 0.596，电力、燃气及水的生产和供应业为 0.944，建筑业为 0.570，交通运输、仓储和邮政业为 0.867，金融业为 0.838。根据这些比例，本书可以计算出 1990—1995 年和 1999—2001 年我国分行业的固定资产投资总额。结果我们发现，按此法计算出的分行业投资总额与翁宏标、王斌会（2012）的研究结果很相近。

6.5 我国分行业资本存量的测算及结果

6.5.1 理论分析与公式

由于数据的可得性，本书首先假设各行业的固定资产投资价格指数相同。主要变量解释如下：

K_{it}——行业 i 第 t 年的资本存量；

I_{it}——行业 i 第 t 年的新增固定资产投资；

δ_i——行业 i 折旧率（为以后表述方便，假设 $\varphi i = 1 - \delta i$，即有 $\delta_i = 1 - \varphi_i$）。

行业 i 第 t 年的折旧额：

$$a_{it} = K_{it} \times \delta_{it} = K_{it} \times (1 - \varphi_{it}) \tag{6.1}$$

因此，行业 i 在 t 年末折旧后的资本存量为

$$K_{it} - K_{it} \times (1 - \varphi_{it}) = K_{it} \times \varphi_{it} \tag{6.2}$$

1990—2010 年，平均间隔 2 年或者 3 年，我国统计资料上都有官方的投入产出表公布折旧额。因此，本书选用 1995 年和 1997 年的数据，对任意一个行业，根据前面的永续盘存法公式和式（6.2）可得该行业 1997 年的资本存量为

$$[(K_{1995} \times \varphi + I_{1995}) \times \varphi + I_{1996}] \times \varphi + I_{1997} = K_{1997} \tag{6.3}$$

考虑了固定资产投资价格指数 P 后，资本存量和折旧之间的关系如下式：

$$K_{1995} = \frac{\alpha_{1995}}{P_{1995} \times \delta} = \frac{\alpha_{1995}}{P_{1995} \times (1 - \varphi)} \tag{6.4}$$

$$K_{1997} = \frac{a_{1997}}{P_{1997} \times \delta} = \frac{a_{1997}}{P_{1997} \times (1 - \varphi)} \tag{6.5}$$

将式（6.4）、式（6.5）中的 K_{1995} 和 K_{1997} 分别代入（6.3）式中，并且 1995 年及 1997 年的分行业固定资产折旧额可直接从已有年份的投入产出表中获得，最终式（6.3）可化简为只包含未知量 φ 的三次项方程，再由 $\delta = 1 - \varphi$ 即可求得折旧率 δ_i。然后，本书利用式（6.4）即可求得相应年份的资本存量。以此为基准，利用永续盘存法公式进行迭代计算可得到分行业每年的资本存量。

6.5.2 分行业的折旧率与资本存量的估算结果

如上所述，根据式（6.3）本书可求得 1995—1997 年我国分行业的折旧率。按照此法，本书同样可以计算出 1990—1992 年、1992—1995 年、1997—2000 年、2000—2002 年、2002—2005 年、2005—2007 年和 2007—2010 年的折旧率。在计算过程中，本书会发现一些行业某些年份的折旧率结果较为异常，为了提高分析的精确度，本书对这些异常折旧率进行了剔除，然后采用上下相邻年份的平均折旧率进行调整或者采用平移估计的方法，以减少其对结果的影响。另外，对于一些区间边界的年份，如 1992 年、1995 年等，本书则采用相邻年份区间的平均值作为其折旧率，最终的计算结果如表 6.2 所示。

表 6.2 1990—2014 年我国分行业的折旧率

年份	农业	采矿业	制造业	电气水	建筑业	运邮仓	金融业	其他
1990—1991	0.198	0.116	0.101	0.071	0.200	0.098	0.315	0.057
1992	0.198	0.101	0.111	0.049	0.200	0.089	0.315	0.039
1993—1994	0.198	0.086	0.121	0.026	0.200	0.079	0.315	0.020
1995	0.198	0.087	0.115	0.031	0.171	0.051	0.398	0.029
1996	0.198	0.088	0.109	0.036	0.141	0.022	0.481	0.037
1997	0.118	0.111	0.109	0.048	0.128	0.039	0.481	0.023
1998—1999	0.118	0.133	0.107	0.059	0.128	0.055	0.481	0.008
2000	0.045	0.133	0.107	0.044	0.128	0.055	0.263	0.058
2001	0.045	0.133	0.107	0.029	0.128	0.055	0.045	0.107
2002	0.069	0.095	0.105	0.048	0.128	0.028	0.254	0.069
2003—2004	0.093	0.056	0.105	0.066	0.309	0.001	0.462	0.031
2005	0.064	0.048	0.071	0.084	0.309	0.014	0.462	0.025
2006	0.035	0.040	0.037	0.101	0.309	0.026	0.462	0.019
2007	0.027	0.034	0.031	0.052	0.295	0.016	0.462	0.022
2008—2014	0.018	0.028	0.025	0.054	0.280	0.016	0.462	0.024

注：农业即农、林、牧、渔业；电气水即电力、燃气及水的生产和供应业；运邮仓即交通运输、仓储和邮政业；其他即其他服务业。

计算出 1990—2014 年我国各行业的折旧率后，本书将根据式（6.4）求出与投入产出表年份相对应的资本存量，再利用永续盘存法计算得到 1990—2014 年我国分行业的资本存量。行业资本存量的具体估算结果如表 6.3 所示。

表 6.3 1990—2014 年我国分行业的资本存量

单位：亿元

年份	农业	采矿业	制造业	电气水	建筑业	运邮仓	金融业	其他
1990	8912.98	1199.74	7964.65	1217.46	320.00	2205.10	62.19	8912.98
1991	10190.82	1497.01	8881.68	1585.65	289.82	2466.93	65.40	10190.82
1992	19234.83	2276.76	9608.18	3330.75	484.64	3213.23	148.55	19234.83
1993	22432.09	2519.14	10734.48	3819.16	550.07	3869.97	154.31	22432.09
1994	26031.94	2757.89	12116.72	4501.20	608.83	4838.12	173.13	26031.94

续表

年份	农业	采矿业	制造业	电气水	建筑业	运邮仓	金融业	其他
1995	33901.40	3436.78	14431.01	6911.06	752.82	9932.75	154.46	33901.40
1996	37498.21	3725.14	15893.58	7645.87	817.06	11358.88	166.15	37498.21
1997	60972.71	3320.94	18721.16	6192.78	1133.78	14866.61	179.86	60972.71
1998	66572.99	3522.95	19528.31	7161.36	1154.22	16797.19	192.58	66572.99
1999	72894.62	3579.37	19980.49	8171.29	1234.05	18719.36	181.06	72894.62
2000	26882.58	3628.62	28828.98	12118.54	1768.84	18228.30	613.99	26882.58
2001	32006.46	3899.95	29250.39	13189.92	1746.25	20660.02	651.72	32006.46
2002	52120.12	3747.14	27265.63	12881.54	2743.95	32880.19	1129.84	52120.12
2003	65938.22	4296.92	29661.67	13893.28	2154.51	34964.55	650.04	65938.22
2004	81772.07	5042.06	33342.38	15537.80	1732.76	37517.96	394.97	81772.07
2005	207205.66	10145.42	59783.08	12412.89	803.08	66286.82	144.63	207205.66
2006	228599.18	11605.89	69407.51	14871.86	912.55	69608.08	131.16	228599.18
2007	287733.76	19073.25	164821.13	33884.00	1137.31	76636.84	181.46	287733.76
2008	315357.59	21259.42	179122.65	36221.57	1293.95	81648.43	198.06	315357.59
2009	353429.35	23991.03	198547.72	39780.83	1570.53	89817.34	248.46	353429.35
2010	389993.45	32255.96	270147.11	33342.72	2070.15	86998.77	418.37	389993.45
2011	433014.93	35682.62	301198.93	36945.53	2684.72	95841.18	460.50	433014.93
2012	485995.94	39531.77	339022.18	41028.45	3276.53	105565.98	584.57	485995.94
2013	550613.20	43749.78	384194.17	45948.10	3643.11	117082.81	765.97	550613.20
2014	621642.30	48299.75	434139.4	51094.29	4007.41	129142.3	988.10	621091.7

6.6 我国分行业投资效率的比较分析

6.6.1 基于 K/Y 和 ΔK/ΔY 指标的分行业投资效率的测算

关于分行业投资效率的研究与比较的文献相对匮乏。其中，大多数研究主要集中在具体的某一行业：刘仁和、米运生（2009）以 1992—2006 年为样本区间，运用了产出效率和边际资本产出比衡量宏观投资效率，研究结果表明，银行业市场化能显著提高宏观投资效率。李文秀、李勇坚等（2012）使用投资—增量产出比作为衡量投资产出的重要指标，并使用中国各省市的跨期数据，考察了各省区服务业和内部各行业之间的ICOR与其服务发展水平之间的关系。关于工业分行业资本回报率的研究较多，单豪杰、师博（2008）采用微观方法测算了全国及省际工业部门的资本回报率，并分析了经济转型期二者的变动情况及成因。蔡真（2013）同样利用微观方法测算了工业分行业的资本回报率，并且考察了其与投资之间的因果关系，并利用计量模型实证分析了工业各行业资本回报率的差异。

鉴于统计年鉴对分行业的各类数据缺失程度较高和计算方法的复杂性，本书将采用K/Y和ΔK/ΔY两个指标来衡量我国各行业的投资效率，即计算我国分行业的资本产出比（K/Y）和增量资本产出比（ΔK/ΔY），并且将对行业总体层面和各个行业投资效率的差异进行比较。

一个指标为资本产出比，即K/Y。其中，K为资本存量；Y为产出。该指标的含义是一单位产出所需要的资本存量。该指标值越大，表明单位产出所需的资本存量越高，投资效率也就越低；反之，该指标值越小，投资效率越高。

另一个指标为增量资本产出比（ICOR），即ΔK/ΔY。其中，ΔK为资本存量的增量；ΔY为产出的增量。该指标的含义是增加一单位产出的生产所需要的资本增量。该指标值越大，表明增加单位产出所需的资本增量越高，投资效率也就越低；反之，该指标值越小，投资效率越高。

我国分行业资本存量K已在前面测算得出，由于官方的统计年鉴缺少分行业的总产值数据，这里考虑用各行业的产值增加值进行计算。一般来说，总产值是指一定时期内生产活动的价值总和，而增加值是指一定时期内生产活动创造的价值。因此，总产值包含了转移价值的多次重复计算，数值较大，一般用来反映生产的总规模，但它不能确切地反映生产发展状况；而增加值由总产值减去中间投入得到，它可以反映生产活动新增加的价值和转移价值，也能比较确切地反映出生产的规模、速度和效益，因此本书采用增加值指标。

1990—2013 年，我国分行业的产值增加值可通过历年的《中国统计年鉴》和已有年份的投入产出表得到。需要说明的是，2004 年以前，本书所研究的采矿业、制造业、电力燃气及水的生产和供应业这 3 个行业在《中国统计年鉴》中被合并为工业，因此 2004 年之前的统计年鉴只有工业的总增加值，而缺乏 3 个具体行业的增加值。不过，已有年份的投入产出表包含 1990 年、1992 年、1995 年、1997 年、2000 年、2002 年等的 3 个具体行业的增加值。为此，对于缺失年份的 3 个行业的增加值，本书可以利用上面已有年份的工业增加值和 3 个行业的增加值数据，计算出这 3 个行业的增加值占工业增加值的比例，再利用所得到的比例均值，将 1991 年、1993—1994 年、1996 年、1998—1999 年、2001 年和 2003 年的工业增加值拆分到 3 个行业中，由此得到缺失年份的分行业增加值。

6.6.2 我国分行业投资效率的测算结果及比较分析

图 6.1 和图 6.2 反映的是我国分行业的资本产出比情况。从图 6.1 和图 6.2 中可以看出，近年来我国各行业的资本产出比存在着较大幅度的波动。（由于数据较多，各行业历年投资效率的数据在此不一一列出，具体数据见附录 A）

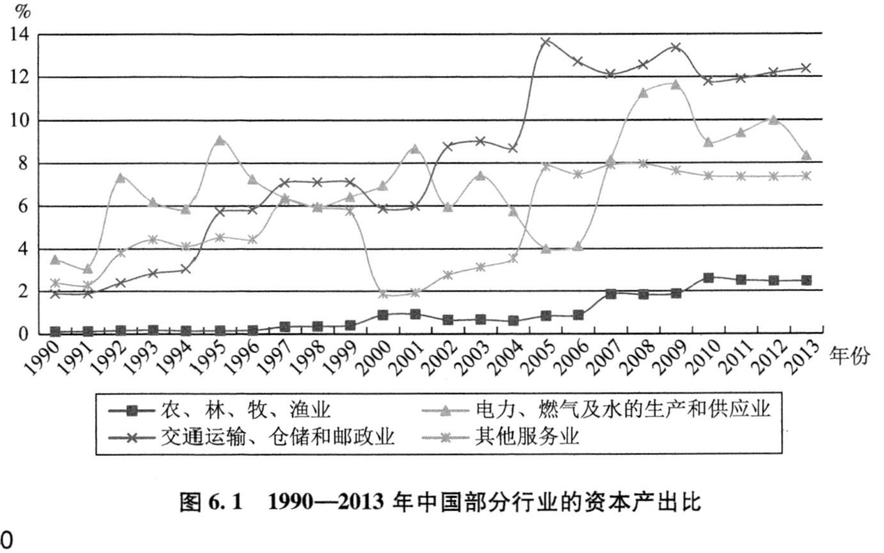

图 6.1 1990—2013 年中国部分行业的资本产出比

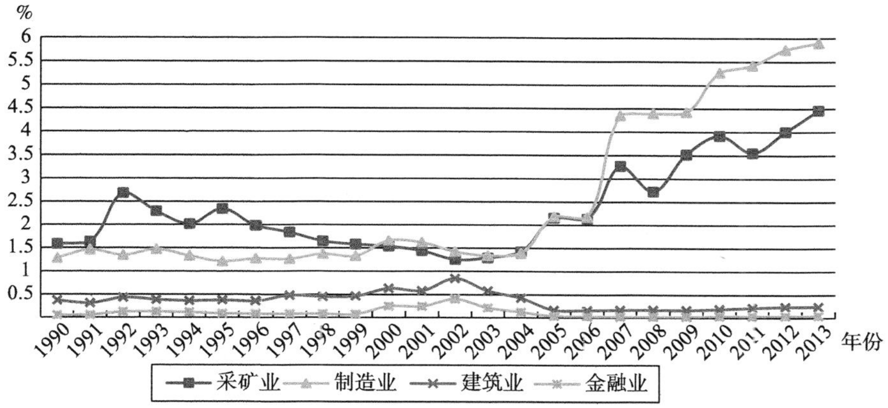

图 6.2　1990—2013 年中国部分行业的资本产出比

第一，从行业总体角度来说，由图 6.1 和图 6.2 可以看出，大多数行业 20 世纪 90 年代的资本产出比波动幅度并不大。但进入 21 世纪以后，一些行业的资本产出比出现了较大幅度的波动，这可能是因为 2008 年前后，为了应对国际金融危机，我国政府采取了积极的货币政策和财政政策，并进行了大规模的投资，使我国大多数行业都出现了资本产出比较大幅度的提高，即投资效率下降的现象。同样，由图 6.3 至图 6.5 也可以看出，1990—2007 年我国大多数行业的 ICOR 波动相对平稳，2007 年之后出现大

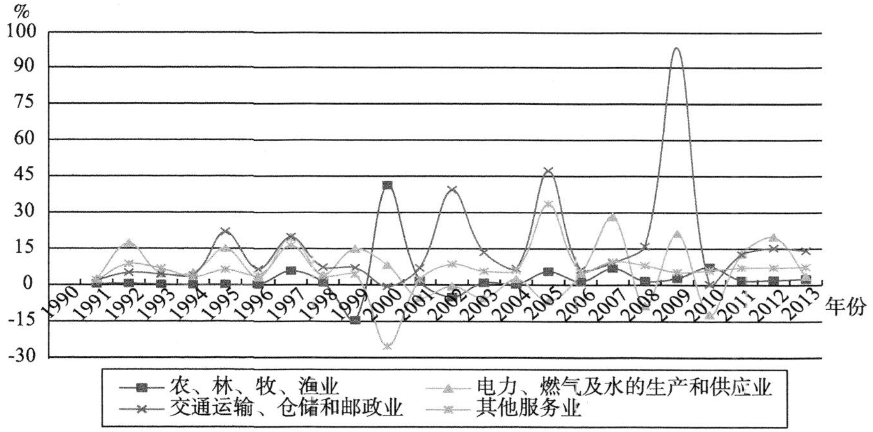

图 6.3　1990—2013 年中国部分行业的增量资本产出比

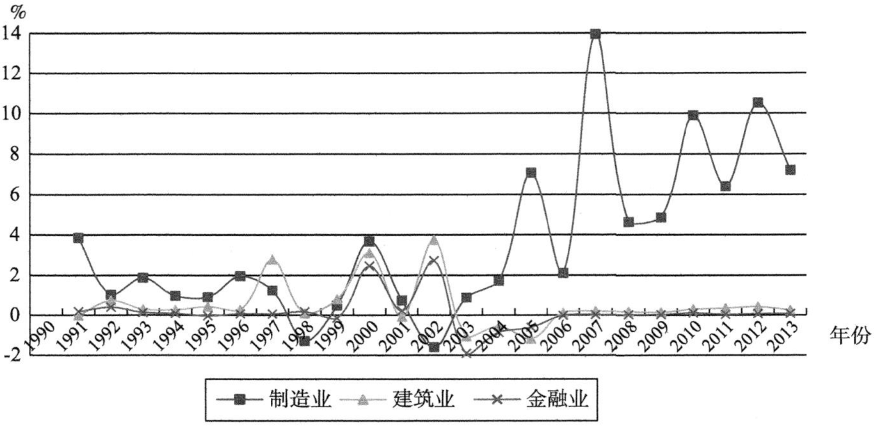

图 6.4　1990—2013 年中国部分行业的增量资本产出比

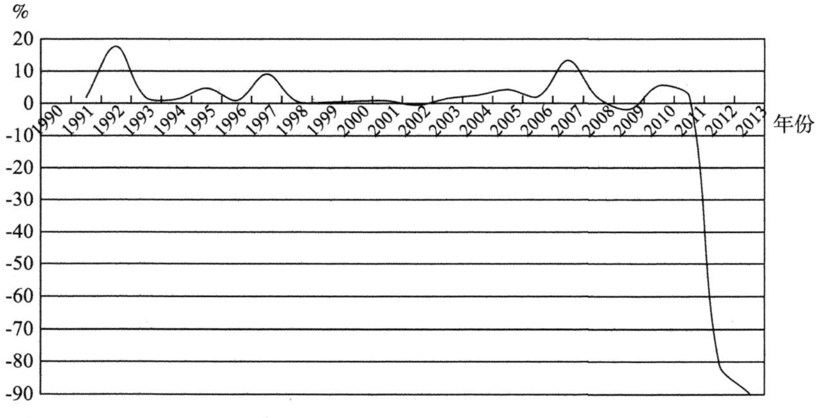

图 6.5　1990—2013 年中国采矿业的增量资本产出比

幅的波动，即先上升后下降，这也验证了当年我国的经济刺激政策导致了投资效率的大幅波动。

图 6.3 至图 6.5 显示的是我国分行业的增量资本产出情况，由于采矿业的 ICOR 变化幅度较大，所以将其单独列出制图。从图 6.3 至图 6.5 中可以看出，1990—2013 年我国大多数行业的增量资本产出比波动幅度较大，这也直接表明了近年来我国投资效率的波动较大，尤其是交通运输、

仓储和邮政业，采矿业及制造业，这几个行业在某些年份甚至出现异常，ICOR值非常高或者为负值。接着本书将运用该指标，对我国近年来分行业投资效率的变化进行具体的分析。

第二，从分行业的角度来看：首先，就农业的投资效率来说，从图6.3中可以看出我国农、林、牧、渔业的增量资本产出比在1999年和2000年均出现了异常的波动，1999年的ICOR甚至为负值。这可能由于我国1997年实行了粮食保护价收购政策，该政策使我国国有粮食企业的市场行为与政府政策相互影响，国家财政出现挂账，农业产出甚至出现一定程度的下降，致使农业的投资效率出现负值。从2000年开始，我国进行了减免农业税试点及之后的粮食“直补”试点，加大了对农业的资本投入，但是由于农业的投入保障机制与其发展结构不适应，因此21世纪的最初两年，农业的投资效率仍然较为低下。在此之后，我国政府提出了统筹城乡发展，调整农业结构，合理增加农业投入的政策目标，把“三农”问题作为工作的重中之重，使我国农业的产出基本稳定，投资效率保持较为平稳的状态。

其次，制造业是国民经济的中坚行业。从图6.4中可看出，1990—2006年，我国制造业的投资效率都是较平稳的，并没有出现较大程度的波动。但是从2007年开始，我国制造业的投资效率存在明显的走低趋势。这可能由于金融危机及近年来的欧债危机使发达经济体的经济增速放缓，需求降低，并且我国制造业中的大多数行业属于劳动密集型产业，面临着生产成本的大幅上升，收入增速放缓，产能过剩，劳动力成本优势在逐步丧失的困境，因此导致了2007年之后我国制造业的资本产出比不断攀升，即投资效率逐年下降的现状。

再次，从其他服务业的投资效率来看，这些服务业的投资效率总体上比较稳定，这与近年来我国政府强调产业结构升级，要求必须依靠第三产业，即服务业带动经济发展的政策导向息息相关。但2000年其他服务业的ICOR出现了负值，并且之后年份的投资效率也大多偏低，这可能由于我国服务业存在进入壁垒，行政审批环节过多，市场准入限制严格，致使市场调节机制的作用无法充分发挥。但总体上说，近年来我国服务业的发展势头还不错，吸收外商投资的能力也有一定的提升，因此2005年之后的投资效率大致保持稳定趋势。

最后，鉴于文章篇幅原因，本书对其他行业的投资效率进行如下简要的分析：

（1）采矿业在我国属于垄断型的资源性行业，其投资效率一直处于比较稳定的状态。从图6.5中看到，近两年该行业的ICOR值异常，可能由于近年来新兴经济体的经济增长放缓，使矿产品的需求受到抑制，加上国际市场的并购活动频繁，导致该行业的产出水平下降，投资效率出现异常。

（2）我国的电力、燃气及水的生产和供应行业的投资效率近年来一直存在着较大幅度的波动，部分原因可能在于该行业既属于垄断型行业，同时也具有公共产品的属性。于良春、张伟（2010）测算了我国电力、电信等4个典型的行政垄断行业中的行政垄断强度，发现无论是在微观层面、产业及宏观层面上，行业性的行政垄断会导致巨大的效率损失。因此，行政垄断在一定程度上可以解释该行业投资效率一直走低的原因。

（3）建筑、交通运输和金融行业。从图6.3和图6.4中可以看出，近年来我国建筑业的投资效率一直是比较高的，这可能由于建筑业是我国的支柱产业，市场比较集中，且一直处于持续扩张的状态。我国的交通运输、仓储和邮政业的投资效率在进入21世纪后出现了大幅度的波动，这应该与我国近年来的产业结构调整与升级有关。研究表明，社会经济的发展与交通运输行业的发展息息相关。2008年的金融危机对我国经济产生了一定的冲击，致使我国交通运输行业的产出增幅较小，使反映投资效率的ICOR值异常高。从图6.4中还可以看出，我国的金融业一直保持着较高的投资效率。这可能由于近年来我国金融业的现代化、市场化和国家化的程度都在不断提高，改革进程不断加快，使金融业的总体发展水平呈现良好态势。

6.6.3 提高我国分行业投资效率的政策建议

在已有研究的基础上，本书利用永续盘存法和投入产出表中的相关数据，研究和测算了1990—2014年我国分行业的资本存量和各行业的投资效率。通过分析发现，大多数行业在20世纪90年代时的投资效率相对较高，但进入21世纪后，某些行业投资效率的波动出现异常，呈现逐渐下降的趋势。这说明近几年我国由于投资规模较大，使资金流向产能过剩的行业，导致行业间投资分配不均衡，宏观投资效率下降，这不利于我国经济的持续健康发展。根据前面对各行业投资效率的分析，本书有以下几点建议：

在农业方面，要形成农业建设的稳定资金来源，巩固农业补贴政策，建立农业收益激励机制，完善农业市场体系；在采矿业方面，努力争取我国在国际采矿市场价格上的话语权，提高应对进口产品冲击的能力；在制造业方面，我们应着重发展我国的制造业生产技术，提高行业的创新能力，努力优化资源的合理配置；对于电力、燃气及水的生产和供应业领域，政府要放松行业进入限制，减少行政垄断带来的行业信息不透明的负向作用，减少其对行业投资效率的损失带来的负面影响；在金融业方面，我们应继续完善目前的金融体系，加强对金融业的监督管理，实现金融创新，推进金融改革进程。至于其他服务业，政府需要注重产业升级，加大服务业的对外开放力度，加强政府的产业引导，推进行业改革创新，提升行业竞争力。目前，我国正处于经济转型的重要时期，要想实现经济的可持续发展，必须转变我国经济发展方式，在进行宏观投资时，应注重适当合理的激励机制，完善投资机制，加强政府宏观调控，实现资本的有效配置。

7　我国地区资本回报率的测算及区域比较分析

投资效率一般是指投资主体在投资活动中的收益与成本、产出与投入之间的对比关系，在这里又可以称为“资本回报率”。若要测算我国地区的资本回报率，地区的资本存量就是其中最重要的变量。那么下面就我国近年来各省（区、市）的资本存量进行测算。

7.1　我国各省（区、市）资本存量的测算

7.1.1　基期和四大关键变量的选取

本书将运用永续盘存法继续对我国各省（区、市）的资本存量进行测算。首先在基期的选取上，由于地方统计数据的局限，在1978年之前，不少地区的经济指标数据都是用可获得的其他指标代替的，最后的测量结果可能有较大的偏差。综合考虑之下，本书把各省（区、市）资本存量的测算设定为从1978年开始。

其次在4个关键变量的选取上，当年的固定资产投资（I）本书仍选用固定资本形成总额，各省（区、市）的数据来源于《1952—1995年国内生产总值核算历史资料》（以下简称《核算历史资料》）和《中国统计年鉴》；对于1978—1990年各省（区、市）的固定资产投资价格指数，本书也是用计算得到的投资隐含平减指数代替，1991年以后的固定资产投资价

格指数，本书则直接采用统计年鉴的数据，对于个别省（区、市）小部分缺失年份的数据则用其他价格指数代替。

对于折旧率的选取，由于国家统计局发布的投入产出表中缺少各省（区、市）各年份的折旧额数据，所以不能再用测算全国资本存量时所用的折旧率估算法。因此，本书采用类似上文中的第五种方法。1978—2003年的折旧率，本书直接利用张健华、王鹏（2012）估算的数据。虽然用他们的方法估算"折旧率有很大的偶然性，会导致个别省（区、市）的折旧率呈现出突变特征"①，但是他们考虑到了制度变化对折旧率的影响，而且充分利用了各省（区、市）的固定资产折旧数据，分阶段估算了资本的折旧率，也在一定程度上解决了折旧率"一刀切"的问题。因此，本书1978—2003年的折旧率将直接借鉴他们的估算数据，具体的数据可查阅张健华、王鹏（2012）的文章。

对于2004—2014年的折旧率，本书将基于Jorgenson（2001）的模型进行计算，之所以从2004年才开始用此方法计算折旧率，是因为国家统计局（NBSC）仅从2004年开始公布按构成划分的三类固定资产投资的各省（区、市）数据。这一时期折旧率的估算模型如下：

$$D_{iT} = (1 - \delta_i)^T \tag{7.1}$$

其中，D_{iT}表示i类资本品的相对效率，现有的研究一般使用《企业所得税暂行条例实施细则》中规定的3%～5%的固定资产残值率作为资本品的相对效率，本书根据张军（2004）的方法，取中间值4%作为资本品的相对效率；δ_i表示i类资本的重置率；T表示i类资本品的使用寿命，本书在参考大量文献后，认为各类资本品的使用寿命继续参考张军（2004）的做法是合理的，即建筑安装工程类的资本品的平均寿命为45年，设备工器具资本品为20年，其他资本品为25年。在资本品的相对效率呈现几何递减的趋势时，重置率就是折旧率，因此可以通过这个公式计算某类资本的折旧率。从而总资本的折旧率为

① 贾润崧，张四灿．中国省际资本存量与资本回报率［J］．统计研究，2014（11）：35－42.

$$\delta_t = \sum_{i=1}^{n} \delta_{it} g_{it} \tag{7.2}$$

其中，δ_t 为 t 年总资本的折旧率；g_{it}为各类资本品在 t 年占总资本品的比重；n 表示总资本中各类型资本品的数量，这里 $n=3$。大多数文献在使用该方法估算折旧率时，都假定固定资产各构成成分在所有的年份都是不变的，即 g_{it}是固定不变的，从而对于所有年份只给出了一个折旧率。然而事实是，不同的年份各类固定资产的投资额是不同的，因此本书根据不同年份各类固定资产的投资比重，估算出一个折旧率的时间序列。如此，结合1978—2003 年的折旧率数据，本书便得到了各省（区、市）相关年份的折旧率（具体数据见附录 A）。

本书用每年的建筑安装工程固定资产投资完成额（不含农户）、设备工器具购置固定资产投资完成额（不含农户），及其他费用固定资产投资完成额（不含农户）分别除以当年的固定资产投资完成额（不含农户），作为不同类型资本品占总资本的比重。以上数据源自中经网数据库。

最后，对于基期资本存量，和全国基期资本存量的估算方法一样，本书仍旧用第四种方法：用各省 1978 年的投资流量数据与 1978—2014 年投资的几何平均增长率加上折旧率之后的比值作为 1978 年的资本存量，即

$$K_{i1978} = I_{i1978} / (g_{i1978-2014} + \delta_{i1978})$$

其中，I_{i1978}表示 1978 年 i 省的固定资本形成额；$g_{i1978—2014}$表示 i 省 1978—2014 年的投资几何平均增长率；δ_{i1978}表示 i 省 1978 年的折旧率。

7.1.2 关于数据缺失问题的处理

首先需要说明的是，西藏和重庆的资本回报率不在本书的研究范围之内。这是由于西藏和重庆缺失一些指标大部分年份的数据，虽然用其他指标近似代替数据有缺失的指标在一定意义上是可取的，但是对于大部分数据都采用替代形式，难免会产生估计上的不准确性，而且在与其他省份进行比较时可能降低其可信度。因此，本书依照大部分文献的做法，直接将西藏和重庆忽略掉。

其次需要说明的是，本书对海南的资本回报率的测算是从1990年开始的。因为考虑到海南1988年才建省和经济特区，而且1990年之前大部分指标的年份数据都不可得。尽管也有大部分文献采用估算或替代的方式给出之前的相关数据，但和西藏自治区一样，用大量的数据替代原有数据的方法缺乏准确性。

对于其他省份某些年份的某些指标数据的缺失情况和处理方法：第一，核算资料里面仅提供1989年以后的固定资本形成总额指数，因此借鉴黄勇峰（2002）、张军等（2004）的做法，用天津的商品零售价格指数代替1978—1988年该市的投资隐含平减指数。同时，海南省缺1990年、1991年的固定资产投资价格指数，本书也用其商品零售价格指数代替。第二，在张健华、王鹏（2012）的研究中没有估算海南省的折旧率，因此本书无法得到海南省1978—2003年的折旧率数据。但可以将经济发展水平与海南省相当的宁夏和青海两省的折旧率取均值之后作为海南省的折旧率，因为根据大多数学者的认识，如果经济发展水平相当，那么折旧率也就相差不大。

7.1.3 各省（区、市）资本存量的测算结果

基于以上讨论，本书计算出了相关年份各省（区、市）以1978年为基期的资本存量（具体数据见附录A）。由于下面投资效率的测算要用到以现价计算的资本存量数据，因此本书主要展示可变价格的资本存量，具体的数据如表7.1所示。

表7.1 各省（区、市）代表性年份资本存量的估算结果

单位：亿元

年份	北京	天津	河北	山西	内蒙古	辽宁	吉林	黑龙江
1978	117.00	79.84	230.21	130.58	63.98	142.65	75.42	127.56
1984	499.50	239.62	552.38	313.30	168.15	401.36	198.49	386.22
1989	1433.35	762.77	1220.49	881.17	448.86	1273.98	573.13	1134.76
1994	3780.59	2191.97	4272.48	2386.78	1288.81	4956.50	1725.55	2863.59
2000	9147.39	4741.14	11516.30	5393.01	3008.49	9157.32	3939.48	6205.58

续表

年份	北京	天津	河北	山西	内蒙古	辽宁	吉林	黑龙江
2006	19321.54	10967.70	25533.90	10435.66	11722.54	21103.58	10028.15	12050.33
2012	37989.90	38121.41	71758.80	26731.12	53051.10	70602.82	41425.07	36393.89
2014	45634.34	52454.41	90971.02	36313.36	70660.60	90234.62	52970.80	48004.77
年份	上海	江苏	浙江	安徽	福建	江西	山东	河南
1978	147.75	162.31	93.17	67.95	51.50	147.24	265.94	166.35
1984	435.93	536.51	285.15	237.06	165.76	304.80	746.81	533.74
1989	1562.55	2213.65	1021.27	781.15	632.86	611.05	2181.38	1331.49
1994	4921.95	7191.48	4124.11	2648.63	2464.57	1825.70	8032.85	4115.78
2000	13383.22	18797.00	12060.99	6127.23	7251.06	4057.28	17823.91	10449.06
2006	23645.40	45941.76	33765.95	13326.44	15735.47	10807.59	47543.61	25878.95
2012	47573.88	130006.98	81366.87	40519.51	47710.88	31176.72	131479.51	94032.95
2014	56268.04	164844.82	98902.55	53505.06	63544.91	39069.87	167029.22	125627.27
年份	湖北	湖南	广东	广西	海南	四川	贵州	云南
1978	134.22	115.61	153.21	75.32	—	368.70	87.23	94.19
1984	345.87	274.71	563.81	187.75	—	750.56	178.81	350.71
1989	805.36	750.30	1636.91	549.72	—	1663.32	297.30	685.65
1994	2782.10	2541.42	5936.54	1412.50	1380.37	4739.40	394.72	2545.82
2000	8129.50	6605.95	15385.85	2964.74	2083.67	9437.22	658.93	5311.95
2006	17640.40	15526.13	38333.21	5855.36	2950.25	20694.03	1278.08	11271.40
2012	54697.02	53695.28	107230.90	18987.82	7179.84	59359.15	2843.14	33124.14
2014	74257.44	73647.84	142427.74	4810.69	9991.53	76348.54	25979.76	5984.39
年份	陕西	甘肃	青海	宁夏	新疆			
1978	98.21	162.14	45.30	38.71	59.11			
1984	254.59	292.58	108.22	84.23	208.00			
1989	752.66	556.98	182.35	244.65	675.41			
1994	2513.81	1493.60	480.76	624.19	2133.05			
2000	5573.34	2487.97	1018.97	1215.28	5035.61			
2006	13344.23	5294.04	2398.50	2726.03	10427.64			
2012	43705.04	14992.17	7514.93	8913.66	24794.53			
2014	59549.93	20136.27	11634.83	12472.24	35573.31			

注：西藏和重庆由于数据缺失太多，其资本存量不在本书的测算范围；海南的资本存量从1990年开始。

7.2 基于资本租金公式的地区资本回报率测算模型

本书在第三章就已经讨论比较了投资效率的测算方法，投资效率的测算总体可以分为宏观和微观两种，由于本书考察的是地区的投资效率，因此宏观测量法为本书测算投资效率所参考的方法。在宏观投资效率测算方法中，由于回归分析法会因为遗漏变量的问题而产生测量偏差，因此本书将借鉴白重恩（2006）的测算方法来测度我国地区的投资效率（即资本回报率）。该方法基于 Jorgenson（2001）的资本租金公式，具体测算模型为

$$r(t) = i(t) - \dot{P}_Y(t) = \frac{\alpha(t)}{P_K(t)K(t)/P_Y(t)Y(t)} + [\dot{P}_K(t) - P_Y(t)] - \delta(t)^{①} \tag{7.3}$$

其中，$r(t)$ 表示第 t 年的投资效率（资本的实际回报率），指每增加一单位的资本用于生产时的实际回报率；$i(t)$ 表示第 t 年的名义投资效率（资本的名义回报率）；$P_Y(t)$ 表示第 t 年的物价水平变化率；$\alpha(t)$ 为可变价格的资本份额；$P_K(t)K(t)$ 为可变价格的资本存量；$P_Y(t)Y(t)$ 为名义产出；$\dot{P}_K(t)$ 为资本在第 t 年的价格变化率；$\delta(t)$ 表示资本在第 t 年的折旧率。

用该方法衡量资本回报率的优点在于：第一，从表达式的结构来看它并不复杂，可以当作一单位的资本带来的收益减去成本；第二，该公式的变量都可以直接或间接用宏观数据得到，最后的计算结果与经济体的经济结构无关；第三，该方法根据 Jorgenson（2001）的资本租金公式变化而来，有科学的理论方法支撑，能够很好地衡量资本的资本回报率。

① 该表达式是 Bai(2006) 表达式的简化形式，具体可见白重恩等(2014) 的推导过程。

7.3 资本回报率相关指标的测算与选取

1. 资本存量和折旧率

本节的资本存量和折旧率为第五章计算出来的资本存量和折旧率。

2. 名义产出

本书用以收入法核算的现价地区生产总值作为名义产出，数据直接来源于统计资料。同时，为了尽可能地保证数据来源于最新的核算体系，1993—2014 年的 GDP 数据直接来源于 NBSC 网站，其余年份的该数据来源于《核算历史资料》。

3. 资本份额

这里的资本份额是指以可变价格计算的资本收入份额，根据 bai (2006)，资本收入份额的计算公式可以表达为：1 - 现价计的劳动报酬/现价计的地区生产总值。其中，现价计的劳动者报酬数据来自两种统计资料：1978—1992 年的数据来源于核算历史资料；1993—2014 年的数据来自 NBSC 网站中以收入法核算的地区生产总值结构数据。

4. 物价水平变化率

本书用居民消费价格指数变化率表示物价水平的变化率。居民消费价格指数是反映一定时期内居民所消费商品及服务项目的价格水平变动趋势和变动程度的指标。[①] 1978—2014 年的价格指数数据均来源于 NBSC 网站，但部分省份只公布了从 1980 年开始的数据，对于 1978 年、1979 年的数据通过查阅《新中国五十五年统计资料汇编》便可以得到。

5. 资本价格变化率

资本价格变化率即固定资产投资价格指数变化率。鉴于相关年份的数

① 该定义取自中国统计局网站。

据存在缺失现象，1978—1990 年的固定资产投资价格指数变化率用投资隐含平减指数变化率代替，部分省份数据缺失用商品零售价格指数变化率代替。数据直接来源于 NBSC 网站和《核算历史资料》。

7.4 地区资本回报率的测算结果与整体情况分析

根据上述讨论，本书利用式（7.1），估算了我国 29 个省、自治区、直辖市的投资效率。限于篇幅，各省（区、市）代表性年份投资效率的测算结果如表 7.2 所示。

表 7.2 各省（区、市）代表性年份资本回报率的估算结果

单位：%

年份	北京	天津	河北	山西	内蒙古	辽宁	吉林	黑龙江
1978	117.75	66.58	44.98	30.02	33.90	102.75	43.15	66.77
1984	4.21	14.22	5.16	8.89	20.43	20.47	24.47	18.77
1989	16.88	20.77	44.72	22.05	32.89	40.89	28.00	27.97
1994	1.95	0.24	5.45	-5.43	-0.35	13.62	1.46	13.32
2000	8.00	5.48	9.41	2.69	3.76	7.88	9.42	14.31
2006	25.20	19.80	12.93	25.46	17.77	13.80	12.83	23.00
2012	22.12	12.85	5.67	12.78	9.70	7.37	8.33	12.65
2014	10.97	7.54	5.41	7.90	1.71	6.22	3.33	7.74
年份	上海	江苏	浙江	安徽	福建	江西	山东	河南
1978	136.54	17.76	56.14	60.70	33.21	-27.54	41.51	32.36
1984	17.74	0.52	18.09	7.23	16.79	-20.37	12.08	6.75
1989	23.98	28.75	37.23	29.59	26.61	22.05	31.58	31.25
1994	3.68	15.70	18.20	8.40	9.26	0.01	11.74	-3.33
2000	0.37	13.53	21.19	9.01	15.41	5.14	10.46	7.56
2006	20.02	22.51	20.46	14.45	12.68	19.15	17.59	14.87
2012	14.30	13.53	14.86	10.12	10.66	12.06	11.10	7.23
2014	12.26	11.24	11.14	10.92	7.80	13.00	10.49	2.69

续表

年份	湖北	湖南	广东	广西	海南	四川	贵州	云南
1978	47.71	43.25	46.31	51.62		23.65	20.07	45.74
1984	1.11	10.72	12.82	36.34		11.63	9.49	-9.89
1989	34.55	31.25	39.95	34.56	8.05	24.46	23.76	28.85
1994	4.30	6.77	8.46	12.74	-6.12	-5.14	-2.68	10.10
2000	3.40	7.26	21.54	12.88	-2.65	-4.09	-6.57	-0.49
2006	14.69	17.35	29.51	23.00	14.61	16.23	10.67	10.85
2012	12.21	13.56	24.02	23.31	8.32	8.93	10.49	6.54
2014	9.35	9.00	15.17	11.89	4.57	11.57	7.22	3.93
年份	陕西	甘肃	青海	宁夏	新疆			
1978	33.15	-5.04	10.17	11.69	29.66			
1984	9.70	5.65	-13.53	9.25	6.97			
1989	18.69	22.14	16.38	16.04	20.56			
1994	-5.72	-2.99	-4.63	-4.15	-3.23			
2000	-1.98	-0.47	-2.65	-0.54	-3.18			
2006	13.90	8.68	6.07	4.71	8.54			
2012	8.72	11.22	2.35	3.19	1.09			
2014	8.57	7.18	0.47	0.96	1.71			

注：西藏和重庆的数据由于缺失太多，因此不在本书的测算范围内；海南的资本回报率从1990年开始计算。

从全国和各省（区、市）的情况来看，1978年以来各省（区、市）投资效率的变动趋势基本一致，总体呈下降趋势，但中间有波动。这是由于随着改革开放的逐步推进，全国和各省（区、市）加快引进投资的同时忽略了结构调整的问题，使经济本身对资本的吸收能力不断减弱，因此引发了投资过度、投资效率降低等一系列问题。

本书选取了有代表性的省（市）并计算了其投资效率变动的情况。如图7.1所示，总体来看，我国各省（市）的投资效率自1978—1988年呈现明显的下降趋势，但因资金缺乏，我国在这一阶段的投资回报率非常高，基本在20%以上，不过地区差异极大，而且各省（市）的波动幅度也较大，尤其是北京最为明显。

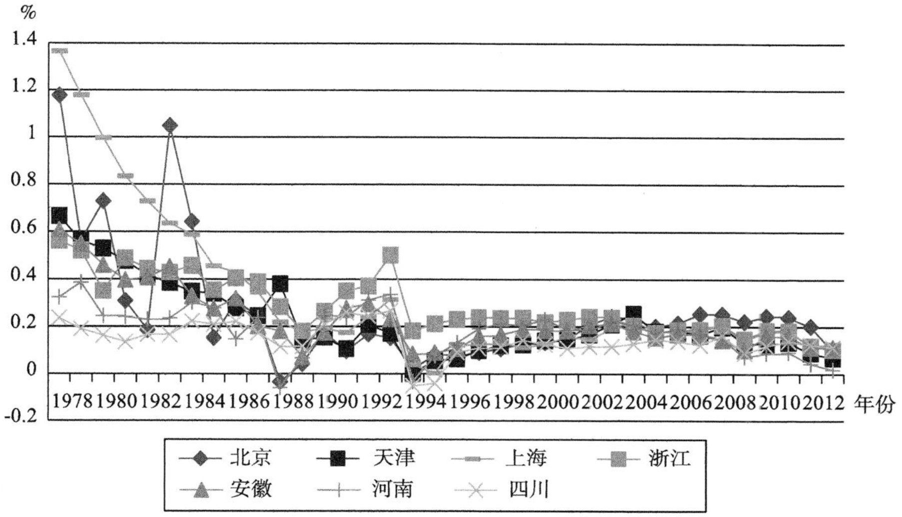

图 7.1 1978—2012 年我国代表性省（市）投资效率变动情况

我们还可以看到，1989 年我国多个省（市）的投资效率为负值，在此之后投资效率出现了快速回升。投资效率为负值意味着大量的资本投入生产中不但没有得到任何的回报，反而对经济的发展起到反噬作用。原因可能在于：1989 年前后，国内各地经济发展的不平衡加剧，同时又面临着较为复杂的国际环境，在这样的宏观背景下，投资回报率在 1989 年降到低谷；随后，由于国家一系列调控政策和市场化制度的改变，1988—1993 年我国的投资效率呈现出较为明显的上升趋势。但在 1994 年人民币贬值之后，由于国外直接投资的引入，同时各地方政府也在分级包干的财政模式下投资的积极性空前高涨，使投资过度、产能过剩、资源配置不合理等现象不断地凸显出来，因此致使投资效率迅速下跌。到 1994 年，全国各地的投资效率降至 1978 年以来的最低水平，部分省（市）甚至又出现了负值。1994 年初，中央开始实行分税制财政体制，目的是理顺中央和地方之间的财政分配关系，提高“两个比重”，增强中央财政的调控能力，使中央和地方的财权和事权相匹配。分税制执行的初期，对地方政府的盲目投资和重复建设行为起到了一定程度的抑制作用，于是在 1996 年之后投资效率又呈一波上升趋势，但这种上升相对比较平稳。以变化较明显的上海为例，其投资效率从 1994 年的 0.03681 上升到 2007 年的 0.20078；2008 年之后受金融危机的影响，我国投资效率再次出现明显的下降趋势，2013 年上海的投资效率只有 0.127383，北京为 0.097746，很多省（区、市）的投资效率都在 0.10 以下。

1996 年以后，我国投资效率上升缓慢的原因可能在于：随着我国分税制改革的深化，地方政府的财政收入占国家财政收入的比重不断下降，而财政支出占国家财政的支出比重却逐年提高，于是地方政府不得不寻求其他的途径以缓解财政赤字问题，各地方政府因此纷纷走上了土地财政的道路，这使各地方的投资效率上升缓慢，有些省（区、市）甚至出现了下降趋势。

7.5 我国三大经济圈资本回报率的比较分析

现有研究关于投资效率的区域比较方面涉及得比较少，而且一般都分为东、中、西部 3 个地区进行投资效率的比较分析，如郭熙保、罗知（2010），俞天贵（2011），于谨凯、孙毅（2011），卢盛荣、易明子（2012），胡凯（2012），王甘（2012），贾润崧、张四灿（2014）等。他们的研究有一个共同的结论：东、中、西部地区的资本回报率呈现出一种由沿海向内地递减的趋势，且东部地区的资本回报率正处于逐年下降的阶段。这里，本书将有别于现有文献的研究思路，把视角投向三大经济圈，即对我国环渤海、长三角和珠三角经济圈①的投资效率进行比较分析。三大经济圈的投资效率是各地区所包含省（区、市）投资效率的加权平均数，权重为某省（区、市）GDP 占所属地区 GDP 总额的比例。三大经济圈资本回报率的计算结果见附录 A，趋势图如图 7.2 所示。

① 环渤海经济圈包括北京、天津、河北、辽宁、山东；长三角经济圈包括上海、江苏、浙江；珠三角经济圈包括福建、江西、湖南、广东、广西、海南、四川、贵州、云南。

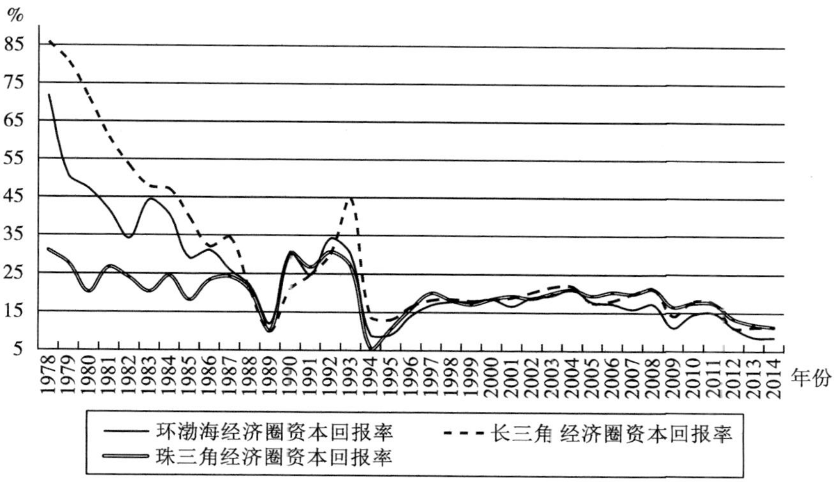

图 7.2　1978—2014 年三大经济圈的资本回报率

7.5.1　三大经济圈的资本回报率呈现出基本一致的下降趋势

从图 7.2 中可以看出，1978 年以来，三大经济圈的资本回报率基本呈现出一致的下降趋势，这与全国的情况一致。从 20 世纪 80 年代初开始，我国在财政体制改革领域开始了分权化改革的道路，在财政分权体制下，各地方政府在财政政策方面有了更多的自主权，扩大基础设施投资水平、改善投资环境以吸引投资成了各地方政府赢得“GDP 竞赛”的有力武器，这种扭曲的资源配置方式使资本回报率不断地下降。三大经济圈作为全国经济发展的先锋，这种下降现象更加突出。其中，长三角经济圈资本回报率的下降幅度最大，这是由于与区域内部发展差异比较大的珠三角经济圈和经济增长活力遭遇瓶颈的环渤海经济圈相比，长三角经济圈的经济发展水平最高，经济发展趋于成熟，对各类投资的吸引力比较大。然而，随着投资率的不断提高，单位资本投资所导致的边际报酬率递减幅度高于其他两大经济圈，因此其资本回报率表现出更为明显的下降趋势。虽然珠三角经济圈区域内部各省份之间的经济发展差异相对来说比较大，各种基础设施的建设都不太完善，但是对投资的吸收能力比较强，相对来说，其资本回报率的下降幅度最小。

7.5.2 三大经济圈的资本回报率均出现了3个重要的转折点

1989年，三大经济圈的资本回报率出现了第一个转折点。从图7.2中可以看出，1989年之前，三大经济圈的资本回报率经历了一个大幅下降的过程，这与全国的情况一致。出现上述情况的原因，一部分由于改革开放以来，各区域为发展经济加大力度引进投资，导致资本回报率逐年下降；另一部分由于从1987年开始，我国各地经济发展不平衡加剧，同时又面临着较为复杂的国际环境，从而导致资本回报率的下降幅度明显加大，直到1989年资本回报率降至低谷。1989年以后，随着经济形势的好转，资本回报率迅速回升。

1994年，三大经济圈的资本回报率出现第二个转折点。邓小平同志1992年的“南方谈话”开启了我国的市场化改革，资本回报率在这之后有一个短暂的大幅度提升。到1993年，各区域为市场化改革投入了大量的资本，由于投资率的迅速膨胀没有被及时吸收和资本配置不合理，导致资本回报率又开始了新一轮的急速下降过程。至1994年，三大经济圈的资本回报率降至1978年以来的历史最低水平。同时，为了解决财政分级包干体制下中央的“弱政府”现象，明确中央和地方的财政分配关系，1994年初分税制财政体制开始在全国范围内实施。根据丁莹（2014）的观点，在政策执行的初期，增强了中央财政的宏观调控能力，政府和企业之间隐藏的财政联系被切断，减少了地方政府的盲目投资和重复建设行为。从而使投资过度问题得到一定的缓解，于是三大经济圈的资本回报率在1994—1997年有一个明显的增幅。但随着分税制改革的深化，地方政府的财政收支地位发生了很大的变化，财政赤字现象不断凸显，同时为了保证地方政府的正常运作，追求地方政绩，赢得“GDP竞赛”，地方政府走上土地财政之路。这使全社会固定资产投资规模不断攀升，高投入、低回报的经济发展模式扭曲了资源的合理配置，最终使资本回报率在1997年之后一直保持在比较低的水平。

除了 1989 年和 1994 年之外，三大经济圈在 2009 年也出现了比较小的转折点。这主要受到全球金融危机的影响，使国内的投资环境受到很大的影响，固定资产投资的增速放缓，与此同时，由于出口环境的恶化，大量企业倒闭，使大量的投资得不到回报，资本回报率下降，但幅度较 1989 年和 1994 年的小。在金融危机的冲击下，中央政府采取了正确的货币和财政政策以缓解经济的下降趋势，虽然使投资回报率有所上升，但近两年来，由于经济发展的增速放缓，而投资率却一直保持着上升的势头，因此使三大经济圈的资本回报率不断地下降。三大经济圈的投资率和资本回报率的对比可见附录 B。

7.5.3 珠三角经济圈的资本回报率有超过其他两大经济圈的趋势

从图 7.2 中还可以看出，自 2011 年以来，珠三角经济圈的资本回报率连续 3 年超过其他两大经济圈。2003 年，珠三角区域合作的方案被正式提出，这十几年以来，各地方充分发挥各自的优势，不断实现区域互补，形成了“共生共赢”经济体系。此外，在以“外向导入式”为主的发展模式下，区域内部各省份的快速城市化吸收了大量的投资，使资本的配置效率明显提高；而且随着多中心、高强度、聚集式的城市群发展形态的不断完善，区域内部经济发展的差异正逐渐减小，这使得珠三角经济圈的资本回报率在近 10 年一直处于较为稳定的水平。

从 2005 年开始，珠三角经济圈的资本回报率一直都高于环渤海经济圈，这主要因为环渤海经济区内部行政干预力量比较强，而且各行政区域之间的条块分割严重，这就使该区域内部各城市之间的经济协调相对困难，市场配置资源的能力相对较弱，从而在一定程度上导致其资本回报率逐渐落后于其他两大经济圈。

8 我国投资效率影响因素的实证分析：金融发展的视角

8.1 金融发展影响一国投资效率的文献综述

Fri（1982）的研究指出在发展中国家，投资的规模和效率在很大程度上受货币金融因素的影响。Galbis（1977）从理论上研究了金融发展与投资效率的关系，发现利率自由化通过将资本从低生产率部门转移到高生产率部门，从而提高了宏观投资效率。Odedokun（1996）认为金融发展可以通过资本积累和资本使用效率两个渠道影响一国的经济增长，并对81个发展中国家1961—1989年金融发展对投资效率的影响进行了检验，发现金融发展对提高投资效率和经济增长有显著效果。Wurgler（2000）采用资本关于GDP变化的弹性反映资本配置效率，并通过实证检验发现国家间之所以存在投资效率或者资本配置效率的差异，其中金融体系起了很大作用，发达国家的投资效率高主要因为有非常有效的金融市场。Greenwood和Jovanovic（1990），Levine（1997），Beck、Levine、Loayza（2000），Buera、Kaboski和Shin（2011）等则从金融发展与全要素生产率或者经济增长的关系阐述或检验中，间接发现金融发展与投资效率之间存在正向关系。

就中国金融发展与投资效率的关系，也有一些学者进行了验证。潘文卿、张伟（2003）借鉴Wurgler的理论与实证方法，采用中国1978—2001年28个省区的面板数据，检验了资本配置效率与金融发展的关系。结果显示，金融发展与资本配置效率相关性较弱，而且金融发展不同指标的作用存在较大差异，信贷市场与股票市场的发展与资本配置效率相关性不大，国有银行的信贷则抑制资本配置效率的提高，但是非国有银行金融机构的信贷与投资行为则有效促进了资本配置效率的提升。曾五一、赵楠（2007）同样采用 Wurgler 的方法基于中国地区和行业的面板数据集进行检验，研究发现，从短期来看我国各地区的资本形成更加依赖金融机构贷款的支持，而且这种影响存在由西向东递减的态势。王永剑、刘春杰（2011）也采用 Wurgler 的分析思路基于 1991—2008 年省（区、市）数据，采用主成分分析法，检验发现金融发展对我国资本配置效率的影响存在地区异质性，东、中部地区的金融发展显著促进资本配置效率的上升。

贺力平（2004）测算了 1981—2002 年“广义金融中介投资”——国内金融机构和国内金融市场以直接或间接融资方式参与国内固定资产投资资金形成的活动——占全社会固定资产投资比例，同时测算了基于 1980 年不变价格指数的全社会固定资产投资规模和投资效率，发现金融发展与投资规模和效率之间的关系并不显著，而且金融发展与投资效率之间存在与预期相反的嫌疑。沈坤荣、孙文杰（2004）利用中国 1978—2002 年的时间序列检验了金融发展与投资效率、资本形成和经济增长的关系。他们的检验发现，1991 年之后金融发展与资本产出比反映的投资效率的相关性显著提高，尤其是实际利率的系数与投资效率显著正相关，但是金融体系对投资效率的改善极其有限，并指出投资效率低下是影响中国经济波动的重要因素。金雪军、王永剑（2011）在利用我国各省份 1991—2008 年的数据检验边际资本产出比的影响因素时，加入存贷款占比这一金融发展指标，发现投资效率与金融发展之间存在正向关系。

还有些学者从金融发展与全要素生产率的角度进行间接验证，结论却大相径庭。张军、金煜（2005），Jeannency、Hua 和 Liang（2006）检验发现，金融发展对我国全要素生产率存在正向促进作用；但熊鹏、王飞（2008），王定祥等（2011）则发现金融发展与全要素生产率呈现负相关；而陈启清、贵斌威（2013）的检验则发现金融发展对生产率进步具有正的水平效应和负的增长效应，许文彬、张丰（2014）也发现金融发展促进我国全要素生产率的增长。

从现有文献来看，发达国家和很多发展中国家的研究已经发现，金融发展对一国投资效率提升具有促进作用。就中国数据的研究结论存在较大差异，这种差异主要由两个方面引起：一是由于投资效率和金融发展指标测量方法不同引起，在现有研究中投资效率的测量有些采用资本—产出弹性，如潘文卿、张伟（2003），曾五一、赵楠（2007）和王永剑、刘春杰（2011）等；有些采用边际资本产出比，如金雪军、王永剑（2011）等，或资本产出比，如沈坤荣、孙文杰（2004），张军、金煜（2005）等；也有些采用 DEA 进行测算，如 Jeannency 等（2006）。对金融发展指标的衡量也存在较大差异：沈坤荣、孙文杰（2004）采用直接融资占金融资产总量、实际利率、贷款占 GDP 比重和 M2 占 GDP 比重 4 个指标反映金融发展程度；陈启清、贵斌威（2013）采用信贷总额占 GDP 的比例；非国有企业信贷额占 GDP 的比例和非国有企业信贷额与国有企业信贷额之比；潘文卿、张伟（2003）等则采用信贷市场与股票市场规模等测量金融发展；还有一些学者直接采用信贷占 GDP 比重表示，如金雪军、王永剑（2011）等。二是采用的数据来源和检验方法不同。沈坤荣、孙文杰（2004）基于全国数据时间序列模型；陈启清、贵斌威（2013），潘文卿、张伟（2003）等采用省（区、市）数据面板模型；曾五一、赵楠（2007）等采用行业数据面板模型；许文彬、张丰（2014）采用省（区、市）行业面板模型。

本书的分析贡献主要体现在两个方面：一是在金融发展指标的选择上采用金融发展总规模、金融市场发展风险、非国有金融机构发展程度和股票市场发展程度等 4 个方面综合衡量金融发展的状况。二是在数据上采用 1990—2014 年 29 个省（区、市）的面板数据进行检验，之前的文献有很多采用地区面板数据，但是时间最晚也只到 2010 年左右，没有包含太多金融危机之后的数据，所以检验结论在后危机时代并不适用。

8.2 模型介绍和数据说明

参照沈坤荣、孙文杰（2004），金雪军、王永剑（2011）等研究金融发展对投资效率影响的相关文献，本书将模型设立如下：

$$keffice_{it} = \alpha + \beta_1 finance_{it} + \beta_2 expend_{it} + \beta_3 fdi_{it} + \beta_4 nonstat_{it} + T_i + H_{it} + \varepsilon_{it} \quad (8.1)$$

其中，$keffice_{it}$表示 i 省市，t 时期的投资效率。在第五章里，本书已经按照永续盘存法公式测算出了我国 29 个省（区、市）的资本存量，并以此为基础，通过计算得到了各省（区、市）1978—2014 年的资本回报率。

本书对比了用资本回报率和边际资本产出比两种指标衡量的投资效率变动情况，发现采用边际资本产出比这一指标衡量的结果波动非常大，如果采用资本回报率的指标则波动相对比较平稳，更适合进行实证检验，如图 8.1 所示。

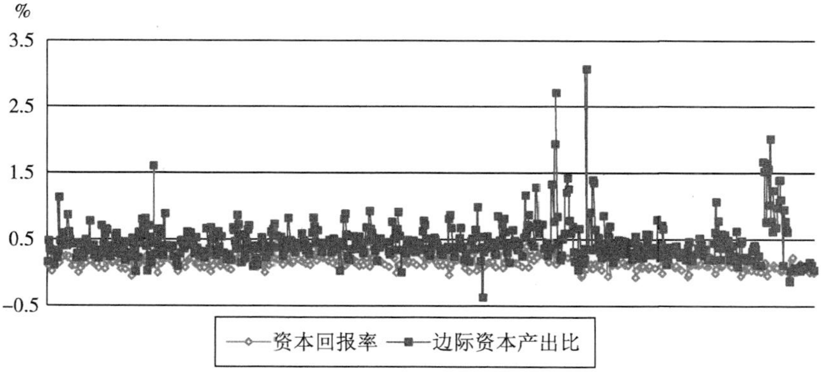

图 8.1 资本回报率和边际资本产出比衡量的投资效率比较

$finance_{it}$表示金融发展水平指标。为较为全面的反应各地区的金融发展程度，本书用以下 4 个指标反映金融发展水平：

（1）金融发展总规模（$lsgdp_{it}$），反映经济的金融化程度，这里采用当年各机构人民币总存款与总贷款占地区 GDP 的比重表示。

（2）金融市场发展风险（lsb_{it}），这里采用各地区人民币贷款与存款总额的比率表示，也即存贷款比。从银行抵抗风险的角度讲，如果存贷款比率越高，库存资金越少，会导致银行的支付危机，如果支付危机扩散，有可能导致金融危机，对地区或国家经济的危害极大。我国金融市场的主体是银行，因此存贷款比越高金融市场风险越大。

（3）非国有金融机构发展程度（$fsofinance_{it}$），采用非国有金融机构就业人员数占总金融业就业人数的比重表示。就业相关数据来自各年《中国劳动统计年鉴》。

（4）股票市场发展程度（$stock_{it}$），采用各地区股票价值占 GDP 比重表示。股票市场价值的数据来源分两部分，一是各省市 1991—2008 年股票市场价值来自《新中国六十年统计资料汇编》，二是 2009—2013 年数据来自各年的《中国金融统计年鉴》。2008 年以前各地区的人民币总存款与总贷款数据来自《新中国六十年统计资料汇编》，2008 年以后的数据来自各地区各年的统计年鉴或统计公告。

除此以外，$expend_{it}$反映政府干预经济的程度，这里采用政府一般性财政支出占 GDP 的比重表示。一般性财政支出的数据来自中经网统计数据库。如果政府支出用于基础设施建设或者公共产品服务等则会提高投资效率，如果用于干预企业则有可能降低投资效率，所以其系数不确定。fdi_{it}反映 i 地区 t 时刻吸收对外直接投资的情况，这里采用各地区吸收外商直接投资额占 GDP 的比重表示，数据来源于各年各省（区、市）统计年鉴。外商直接投资的引入一方面会带来先进的技术和管理经验等，对国内企业具有技术溢出效应，可以提高国内企业投资效率；此外，跨国企业通过前后向产业关联效应，也会带动国内相关产业投资进而提高投资效率，则产生外商直接投资的“挤入”效应。但是另一方面，如果外商直接投资的目的是采用国内资源生产与国内企业竞争性较强的产品，则会对国内投资带来“挤出”效应，使资本回报率下降，所以其系数不确定。$nonstat_{it}$反映地区非国有企业发展程度，这里采用各地区非国有单位就业占总就业的比重表示，数据来自各年的《中国劳动统计年鉴》。一般来讲，私营或个体经济越繁荣，地区经济活动的效率越高，投资效率也会相对越高。

T_i 和 H_{it}表示时间效应和地区固定效应。这里 H_{it}采用各地区人均的固定电话数量（$pphone_{it}$）和人均货物周转量（$phyzhz_{it}$）表示。固定电话、货物周转量和人口等方面的数据均来自中经网统计数据库。

因中国劳动统计年鉴从 1990 年才开始记录国有企业金融行业就业数据，而且 1990 年 12 月和 1991 年 7 月，上海证券交易所和深圳证券交易所才正式开业，所以本书实证样本为 1990—2014 年 29 个省（区、市）的面板数据。另外，股票市场数据缺失较多，因此所采用数据是一个非平衡面板数据，主要数据的统计描述如表 8. 1 所示。

表 8. 1　相关数据统计描述

Variable	Obs	Mean	Std. Dev.	Min	Max
keffice	696	0. 153161	0. 084278	−0. 06728	0. 502091
lsgdp	696	2. 434752	1. 613679	0. 459131	12. 30038
lsb	696	0. 8899401	0. 2714224	0. 2119755	2. 010715
stock	532	0. 186852	0. 756377	0	10. 53456
fsofinance	695	0. 605104	0. 176707	0. 031614	0. 92562
nonstat	696	0. 337644	0. 151797	0. 098606	0. 921151
expend	696	0. 169094	0. 145126	0. 028226	1. 19573
fdi	689	3. 252304	3. 48223	0. 027534	24. 25347

8. 3　模型的检验结果分析

本书采用 1990—2014 年地区间非平衡面板数据对式（7. 1）利用 stata12 进行检验，在经过豪斯曼检验和 xttest 检验之后发现，固定效应模型更为合适。另外，因地区间差异比较大，异方差问题严重，本书采用稳健的固定效应模型，其结果如表 8. 2 所示。

表 8. 2 中的 FE（1）- FE（4）是逐步加入金融发展 4 个变量的固定效

应结果。从基本回归结果来看，经济发展的金融化程度，即金融发展总规模（*lsgdp*）与投资回报率呈现正相关关系，估计系数通过5%水平的显著性检验。同时，在逐步加入其他金融变量之后，金融发展总规模的估计系数和t值有增大趋势，其每增长1个单位，投资回报率或投资效率就会上升0.01~0.02，见表8.2。这说明金融发展会促进投资效率的提升，主要因为金融部门的主要功能是通过吸收闲置的零散资本转化企业或者个人的项目投资，实现资本的再配置。在实现资本再配置的过程中，一方面金融机构利用自身优势和信息收集渠道引导企业或者个人选择投资更有效率的项目，从而提高投资效率；另一方面，金融机构的融资又能通过风险分担使个人或企业敢于进行风险更高但具有更高生产率的投资，如创新项目投资或高风险、高收益投资，这也会提高资本的投资回报率。

表8.2　基本回归结果

	FE（1）	FE（2）	FE（3）	FE（4）	IV（1）	IV（2）
lsgdp	0.012** (2.59)	0.014*** (3.065)	0.014*** (3.248)	0.022*** (4.79)	0.030*** (4.779)	0.031*** (4.313)
lsb		-0.049 (-1.496)	-0.051 (-1.576)	-0.018 (-0.405)	-0.144*** (-4.048)	-0.133*** (-3.334)
fsofinance			0.053 (1.635)	0.061 (1.404)	0.113*** (2.604)	0.002 (0.03)
stock				0.349 (1.461)		0.011** (2.068)
fdi	-0.008*** (-4.963)	-0.009*** (-5.657)	-0.008*** (-5.711)	-0.009*** (-4.115)	-0.011*** (-8.281)	-0.008*** (-4.779)
expend	0.291** (2.691)	0.294*** (2.808)	0.279*** (2.795)	0.498** (2.511)	0.313*** (4.568)	0.215*** (2.985)
nonstat	0.03 (0.536)	0.083 (1.493)	0.056 (1.099)	0.052 (0.606)	0.078 (1.351)	0.028 (0.577)
phyzhz	0.005** (2.094)	0.005** (2.23)	0.005 (1.668)	0.006** (2.737)	0.003 (1.365)	0.003 (0.949)
pphone	0.242*** (4.364)	0.224*** (3.949)	0.224*** (4.029)	-0.027 (-0.278)	0.177*** (4.336)	0.264*** (7.515)

续表

	FE (1)	FE (2)	FE (3)	FE (4)	IV (1)	IV (2)
T	-0.010 *** (-7.958)	-0.012 *** (-7.389)	-0.012 *** (-7.359)	-0.006 ** (-2.647)	-0.017 *** (-7.940)	-0.013 *** (-4.288)
-cons	0.173 *** (8.313)	0.223 *** (5.275)	0.275 *** (5.117)	0.168 ** (2.330)		
Kleibergen - Paap rk LM statistic					118.486 (0.000)	16.845 (0.004)
Hansen J statistic					5.81 (0.121)	4.713 (0.318)
N	689	689	688	532	630	445
r^2	0.273	0.279	0.279	0.178	0.199	0.234
F	27.197	24.414	19.51	53.301	21.743	21.729

注：＊＊＊和＊＊分别表示1%和5%的水平上显著。

非国有金融机构发展程度（*fsofinance*）和股票市场发展程度（*stock*）的估计系数也为正，非国有金融机构和股票市场的繁荣主要能促进中小型企业融资，而中小型企业的发展能促进竞争加剧，刺激创新从而带动投资效率的提升。但是其估计结果并不显著，说明非国有金融机构和股票市场的发展对投资效率的提升作用在我国还不是很明显。反映金融市场发展风险的指标——存贷款比率（*lsb*）的估计系数为负，说明存贷款比率越高，银行挤兑的风险越大；过度投资越严重，投资的回报率可能越低，所以金融风险与投资回报率之间呈负向关系。

对外直接投资的引入（*fdi*）与投资效率在1%水平显著呈负相关，吸引外资规模占GDP的比重每增加1个单位，则投资回报率下降0.008左右，结果如表8.2所示。从本书的回归结果来看，吸收外资带来的溢出或挤入效应小于外资的挤出效应，这主要因为我国的外商直接投资大部分都是借助中国低劳动力成本生产我国有比较优势的劳动力密集型产品，与国内企业存在竞争，使挤出效应比较明显。

一般性财政支出（*expend*）的估计系数为正，基本都通过5%显著水平检验。我国政府支出主要用于基础设施建设或者公共产品服务，这部分投资的增加显著改善我国的投资环境，基础设施建设越完善其规模效应越明显，从而能提高企业的投资回报率。

非国有金融机构发展程度的估计系数虽然为正，但是并没有通过显著性检验，见表8.2中FE（1）~FE（4）。这可能因为本书采用的是投资收益率或回报率指标衡量投资效率，非国有经济虽然能够繁荣经济但是国有经济凭借行业或其他优势可以获得更高的回报率。而控制变量中的人均固定电话数量和人均货物周转量的估计系数基本都为正，反映信息发展程度的人均固定电话估计结果更加显著；反映时间效应 T 的估计系数显著为负，说明随着时间的推移和资本存量的不断积累，投资回报率会显著下降。

8.4 稳健性检验

8.4.1 模型的内生性问题

金融发展一方面会促进社会资本从低效率部门转向高效率部门，从而提高投资效率和资本回报率；另一方面，投资效率的提升反过来也会促进金融发展和金融创新，所以两者之间可能存在互为因果的关系。为了解决这一问题，本书采用金融发展的滞后一阶和滞后两阶作为其工具变量进行回归，采用工具变量后进行的回归结果见表8.2中的IV（1）和IV（2）。IV（1）是没有加入股票市场指标的回归结果，IV（2）是加入之后的结果。投资效率和金融发展在当期虽然可能存在双向影响，但是投资效率的提升无法影响过去金融发展的程度，而金融发展是不断积累和建设的过程，过去金融发展的程度与当期金融发展的程度息息相关，所以可以采用金融发展程度的滞后项作为工具变量。从识别不足检验（LM statistic）中，可以看出结果显著拒绝了工具变量和内生变量无关的原假设；而过度识别检验（Hansen J statistic）则通过了检验，这说明本书采用滞后项做工具变量是合适的。对比表8.2中固定效应FE（3）、FE（4）和工具变量IV（1）、IV（2）的回归结果，会发现其他变量的估计结果和显著性水平基本没有太大变化，但是反映金融发展的指标估计结果却基本都通过了显著性检验。

从IV（1）的回归结果来看，在未加入股票市场发展程度指标时，反映金融发展的其他3个指标估计结果都通过显著性检验，而且估计系数也变大很多。金融发展总规模的系数上升到0.030，金融市场发展风险的估计系数为 -0.144,并且在1%水平下显著，这说明过度投资带来的风险会显著缩减投资回报率，降低投资效率。非国有金融机构发展程度也会促进投资效率的提升，其估计系数为0.113，这一结果在1%水平下显著。加入股票市场发展程度之后的IV（2）结果显示，金融发展总规模和金融市场发展风险的估计结果并未有太大变动，但是非国有金融机构发展程度的估计系数明显下降而且 T 值非常低，股票市场发展程度的估计结果在5%水平下显著，估计系数为0.011，出现这一结果可能是非国有金融机构主要为中小企业融资服务，而股票市场迅速发展尤其是创业板市场的发展，使中小企业可以在股票市场更容易实现大额融资，故股票市场发展会削弱非国有金融机构的资本配置能力。

8.4.2 模型的分时间段回归

在我国，金融体制是逐步完善和发展的。1948年12月1日，中国人民银行成立。1992年10月，作为国务院证券委员会监管执行机构的中国证券监督管理委员会成立，受国务院证券委员会的指导、监督检查和归口管理证券交易。1998年11月18日，中国保险监督管理委员会正式挂牌成立。2003年4月28日，中国银行业监督管理委员会正式挂牌成立。至此，“一行三会”分业监管体系建立，我国金融管理体系进入一个新时期。所以，本书以2003年作为分界点，分1990—2002年和2003—2013年两个时段，对金融发展对投资效率的影响进行检验，结果见表8.3中分时段部分。就1990—2002年回归结果看，金融发展总规模的估计结果为正，并且通过

1%水平的显著性检验。在这一阶段，存贷款占比每上升1个单位，投资效率会上升0.041；但是，反映金融发展的其他变量都没有通过显著性检验，而且股票市场发展程度的估计系数甚至为负数。2003—2013年的回归结果则与1990—2002年的结果具有较大差异，*lsgdp*、*lsb*和*fsofinance*的结果非常不显著而且系数都为负，但是*stock*的估计系数为正，并在1%水平下显著，股票市值占各地区GDP比重上升1个单位，投资回报率就会上升0.004。这一结果反映出我国金融市场中资本配置的工具变化，在股票市场不是很完善的20世纪90年代，资本的配置主要通过金融机构的存款与贷款完成，所以存贷款占比对投资效率的影响较大；进入21世纪之后，随着股票市场的发展，股票市场的资本配置作用对投资效率的提升有更大作用。此外，FDI的挤出效应在20世纪90年代较为显著，但这种挤出效应在2003年后并不显著；政府干预对投资效率的影响也在随时间推移而变小。

8.4.3 我国东、中、西部地区回归结果

我国地域广泛，各区域间不仅具有不同的自然条件，而且在金融发展程度和经济发展水平上更是存在巨大差异，因此分区域看金融发展程度和资本投资回报率可能存在不同的关系。本书分地区对两者间的关系进行检验，结果见表8.3。从回归结果来看，东部地区金融发展总规模和存贷比对投资效率影响并不显著，但股票市场发展程度和非国有金融机构发展程度对东部地区投资效率具有显著的正向影响，股票市值占比每增加1个单位，东部地区投资效率显著增加0.004，非国有金融机构就业比重每上升1个点，东部地区投资效率会上升0.093。就中部地区回归结果看，金融发展总规模、存贷比和股票市场发展程度的上升都在10%水平上显著促进中部地区投资效率的上升，而西部地区*lsgdp*的上升在1%水平上显著提高西部地区的投资效率，存贷款占比上升1个点，投资效率就会上升0.021。*lsb*和*stock*对西部地区投资效率不存在显著影响，见表8.3西部地区的回归

结果。非国有金融机构发展程度对中西部地区的投资效率也不存在显著影响。出现这种地区差异主要因为东部地区经济发展迅速，资本比较充裕，股票市场和非金融机构发展的资本配置效应明显，更能刺激高回报率投资，从而提升投资效率；而中西部地区的资本配置主要通过银行机构完成，人民币存款和贷款行为更能促进投资效率提升。

另外，从分地区回归结果中可以看出，政府支出对投资效率的影响在中部、东部和西部地区呈递增态势，而对外直接投资的挤出效应在中部、西部和东部地区的作用显著递增，结果如表 8.3 所示。

表 8.3　分时段与分地区回归结果

	分时段		分地区		
	2003—2013	1990—2002	东部	中部	西部
lsgdp	-0.002 (-0.576)	0.041 *** (3.594)	-0.001 (-0.059)	0.026 * (1.943)	0.021 *** (3.763)
lsb	-0.036 (-0.901)	0.083 (1.31)	-0.108 (-1.025)	0.135 * (2.097)	-0.023 (-0.398)
stock	0.004 *** (6.714)	-0.048 (-0.251)	0.004 *** (6.859)	0.036 * (1.987)	-0.002 (-0.507)
fsofinance	-0.029 (-0.712)	0.074 (1.141)	0.093 ** (2.317)	-0.138 (-1.459)	0.035 (1.108)
fdi	-0.001 (-0.413)	-0.008 *** (-3.133)	-0.012 *** (-5.552)	-0.011 (-1.381)	-0.006 *** (-4.006)
expend	0.121 ** (2.108)	0.601 ** (2.107)	1.323 (1.748)	0.59 (1.459)	0.185 ** (2.935)
nonstat	0.012 (0.193)	0.014 (0.302)	0.171 (1.049)	0.002 (0.041)	-0.097 (-0.986)
省（区、市）固定效应	是	是	是	是	是
时间固定效应	是	是	是	是	是
-con	17.414 ***	3.249	47.109 ***	9.652	17.262 **
	(2.945)	(0.403)	(3.435)	(1.119)	(2.753)
N	294	247	186	146	199
r^2	0.498	0.193	0.413	0.283	0.225

8.5 实证模型的结论及分析

本书在第五章中测算出的我国各省（区、市）投资效率表明：我国的投资回报率总体呈下降趋势。近年来，我国经济增长的主要动力来自投资，投资回报率的下降说明投资对我国经济的拉动作用在不断减弱。寻找并改善那些影响投资效率的因素就能改善我国的投资效率，进而促进经济增长。因此，本章我们从金融发展的角度检验了金融发展对我国投资效率的影响。从理论上讲，金融市场的主要功能是实现资本的配置，使资本从低回报率部门向高回报率部门转移，以提升投资效率。利用1990—2014年地区面板数据的检验发现：总体来讲，我国金融发展对投资效率的影响并不是特别明显，这可能跟我国金融市场不完善有很大关系。

从反映金融发展的不同指标来看，存贷款占GDP比重对投资回报率的影响最为显著，总样本回归都通过1%水平的显著性检验，但这种作用主要在20世纪90年代比较显著；而且存在地区差异性，对西部地区投资效率的影响最为显著，其次是中部地区，而对东部地区的投资效率基本没影响。金融市场发展风险对投资回报率虽有负向影响，但作用不显著，可能因为采用存贷比并不能很好地反映金融市场的风险程度。

非国有金融机构发展程度和股票市场发展程度都能促进投资效率的提升，这种提升作用在2003年“一行三会”分业监管体系建立之后更为显著。同时，这种提升作用在地区间也存在差异，对东部地区的作用较显著，但对中西部地区投资效率的影响并不大。

内生性检验发现本书的研究并未高估金融发展对投资效率的作用。从本书的研究来看，在目前我国经济转型的关键时刻依赖以前国有银行为主体的金融体系并不能很好地实现资本的再配置，应该积极发展非国有金融机构，尤其是股票市场等多种融资渠道才能更好地实现资本投资效率的提升。

另外，本书也发现吸收外商直接投资对我国投资回报率有负向作用；

政府干预对投资效率的提升有较大促进作用，尤其对西部地区的作用较为明显，但随着时间推移这种作用在减弱。私营、个体经济和其他非国有经济对投资效率的正向作用在我国并未显现出来，这可能是我国未来提升投资效率的一个重要方向。

不过，因为对投资效率和金融发展程度的度量目前存在很多争议，本书的研究也只是从其中的一个角度展开，所以还存在很多不足。未来的研究一方面应该寻找更有效的反映投资效率和金融发展程度的度量指标；另一方面应该采用更为细化的样本进行检验，如利用城市面板数据甚至是微观企业数据对这一问题展开研究。

9　我国投资效率影响因素的实证分析：财政分权与政府治理的视角

对于资本回报率影响因素的研究一直以来都是学术界研究的重点，因为在经济转型期，投资过度问题关系重大，对资本回报率的估算和影响因素的探究则显得十分重要。对此，大部分学者已将研究视角放在宏观经济发展水平、资本深化、技术进步、外贸依存度、金融发展水平等因素对投资效率的影响上面，而对制度环境和资本回报率之间关系的研究很少，因此本书将从制度角度探讨这一问题，从政府行为层面解释资本回报率的变动原因。

9.1　我国的财政分权

我国的财政税收体制大致上经历了 3 个阶段：第一个阶段是从新中国成立到 1978 年，属于统收统支的财政集中体制；第二个阶段是 1978—1993 年的分成和财政包干体制；第三个阶段是从 1994 年开始的分税制财政体制。①

不论是中央和地方的“分灶吃饭”还是税收共享，我国的财政体制改革都是逐渐向地方政府进行分权，以此激励地方政府从“掠夺之手”转变为“援助之手”。但是，仅靠财政分权上的激励是远远不够的，垂直型的

① 张晏，龚六堂．分税制改革、财政分权与中国经济增长［J］．经济学，2005（1）：75－108.

政治考核机制才是最主要的激励。[①] 长期以来，经济发展成了地方政府政绩考核的唯一指标。从地方发展的实际情况来看，最直接的促进 GDP 增长的方法就是鼓励资本和劳动密集型产业的发展。地方政府一方面加大政策的扶持力度，大力引进资本与劳动密集型产业，另一方面增加对最容易度量的基础设施的投资力度，却忽视对教育、医疗等公共服务的支出。而且，经济考核指标的唯一性，也极大地刺激了地方政府将财政收入投入回报率较高的行业，整体上或许增加了地区的资本回报率，但与此同时，各自管辖区内的地方保主义盛行，市场分割严重，资源不能得到合理的配置，同时又降低了地区资本的配置效率，使地区资本回报率难以被准确度量。

9.2 变量说明与统计性描述

9.2.1 财政分权与政府治理的描述与度量

1. 财政分权的衡量

在财政分权指标的构造上，学术界的方法不一，本书用财政分权度来衡量财政分权程度。在财政分权体制下，中央给予地方更多的财政自主权，使地方政府的财政分权度提高。政府将本地区的财政收入投入经济回报率较高领域的同时，会有更多的激励将剩余资本投入民生领域，以提升地区公共物品的提供能力，将有限的资本进行最优的配置，以提升资本的配置效率，从而整体上提升地区资本的回报率。本书参考徐永胜和乔宝云（2012）的方法，重新测算了各地区 1999—2014 年的财政分权度。该方法结合了现有文献中分别根据收入、支出和地方自治来度量财政分权的方

① 范子英，张军．财政分权与中国经济增长的效率：基于非期望产出模型的分析［J］．管理世界，2009（7）：15－25.

法，通过构建理论模型，公理化推导出衡量财政分权度的综合指标。具体而言，假设用fdl_i表示i地区的财政分权度，那么

$$fdl_i = \delta incrate_i^{\alpha} \times exprate_i^{\beta} \tag{9.1}$$

式中，$incrate$代表地方财政收入占全部财政收入的比重，α = [1 +（国家财政局征收的地方财政收入/地方财政收入）]/2，而国家税务总局征收的地方财政收入/地方财政总收入为中央对地方的收入决定权；$exprate$代表地方财政支出占全部财政支出的比重，β = [1 +（中央专项转移支付/地方财政总支出）]/2，中央专项转移支付与地方财政总支出的比值表示中央对地方政府的支出决定权。中央政府对地方财政的支配权越大，地方的财政分权程度越低。当α为1/2、β也为1/2时，表明中央对地方的财政没有支配权。δ是固定参数，本书将其取值为10。

分税制改革后，根据有关规定，地方政府所征企业所得税的60%、个人所得税收入的60%和增值税的75%上缴中央，其他税收收入也按一定的比例上缴。这种财政收入由中央和地方共享的模式是分税制财政体制的最大特点，地方将税收收入的一定比例上缴中央，体现了中央政府对地方财政收入的决定权。因此，本书把收入决定权的值定为0.6，以此计算出系数α的值为0.8。此外，由于分税制改革存在的固有弊端，地方政府的财权和事权过于分离，地方政府承担了大部分的支出责任，这在很大程度上能够决定财政资金的使用权，因此本书将中央对地方的支出决定权的值定为0，表明地方政府在财政支出上享有绝对的自主权，从而β值为1/2。

2. 关于政府治理的衡量

在政府治理方面，长期以来我国政府治理存在着治理成本高，效率低的问题。La Porta 等（1997）将表现优秀的政府界定为“提供良好的产权保护，保持较低的税负，政府运行高效并且保持廉洁，以及提供必要的公共服务”①。改革开放以来，地方政府之间的“GDP 竞赛”导致经济建设

① PORTA L R，SHLEIFFR A，VISHNY R. Trust in large organizations [J]. American economic review，1997（87）：333 -338.

被过度地强调，而本该由政府主导的公共服务领域却没有得到很好的重视，政府的运行效率不太理想。在财政分权体制之下，政府的治理方式并没有得到较大的改善，反而是治理成本居高不下，弱化了政府作为公共物品提供者的角色。结合已有文献，本书用财政自给率、企业的非税负担、产权保护水平和基础设施水平这 4 个指标衡量政府治理，探讨这种政府治理方式到底是如何影响地区资本回报率的。

（1）财政自给率。财政自给率是指在没有中央转移支付援助的情况下，各地方政府独立的为自身支出筹措主要收入的能力，财政自给能力越高，表明地方政府的财政自筹能力和财政丰裕度越高；反之，会导致支出被大量削减以平衡收支，或者为维持现有的支出，过度依赖中央的转移支付和寻求制度外的财政收入来弥补收支缺口（王雍君，2000）。现有文献没有研究过财政自给率对资本回报率的影响，本书基于以下假设对此进行实证检验：财政自给率反映了政府从本地经济活动中筹措收入的能力。一方面是政府治理能力的体现，财政自给率越高，越激励政府将自身筹措的资金分配到最有效率的地方，从而提升地区整体的资本回报率；但另一方面也是企业非市场交易成本高低的体现，政府财政收入的很大一部分来自企业的税收，在财政支出一定的前提下，财政收入越高表明企业缴纳的税越多，在一定程度上会降低企业的利润率，从而影响地区整体的资本回报率。所以，财政自给率从两个相反的方面对地区资本回报率产生影响。本书财政自给率的公式为：财政自给率 =（地方财政一般预算收入）/（地方财政一般预算支出）。

（2）企业的非税负担。政府治理中一个很重要的环节在于政企关系的处理上，在市场经济体制下，政府作为一只“看不见的手”，应该为企业的发展创造良好的外部环境；反过来，企业作为市场经济的参与主体，应通过合法纳税承担企业的社会责任。在中国的财税体制下，税权由中央政府控制，地方政府虽然不能擅自决定征收种类和税率，但是可以以各种制度外的形式对企业收取税收之外的各种费用，如因提供公共服务而收取的行政事业性收费、对企业和个人征收的罚没收入及其他非税收收入。一般来说，地方政府的税外收入越高，会使企业的利润降低，从而降低资本的回报率。本书参考胡凯、吴清（2012）的方法，用地方政府的行政事业性收费和罚没收入占一般预算收入的比重来表示企业的非税负担，数据同样来源于《中国统计年鉴》。

（3）地区产权保护水平。产权保护水平能够衡量一个地区法律制度环境的完善程度，产权保护水平越高，说明一个地区的法律制度越健全。法治水平比较高，企业在投资时会面临更少的非市场交易成本，相应的资本回报率也会更高。胡凯和吴清（2012）在分析制度环境对地区资本回报率的影响时，将樊纲等（2010）编制的市场化指数中的“对生产者合法权益的保护”作为产权保护水平代理变量列入制度环境的考查范围，发现产权保护的系数估计结果虽为正，但不显著。作者对此的解释是中国整体的法治水平比较低，产权保护这一变量对资本回报率变动的解释作用尚未体现出来。尽管如此，为了减少遗漏变量问题，本书还是将衡量产权保护水平的指标作为控制变量加入模型中。考虑到准确衡量知识产权水平具有一定的技术难度，而且这不是本书所要考虑的主要因素，因此本书用地区的国内专利申请受理情况作为产权保护水平的代理变量。一般来讲，对专利申请受理的数量越多，地区的产权保护水平越高。具体数据取自国家统计年鉴，个别省份、个别年份的数据来自地区统计年鉴。

（4）地区基础设施水平。基础设施建设具有巨大的乘数效应，能够很好地衡量一个地区经济持续发展的能力，也是一个地区投资环境好坏的重要指标，更是政府治理水平的外在体现。正因为如此，地方政府往往在基础设施建设上进行过度投资，忽视资源配置的规律，从而在某种程度上拉低资本的回报率。一般而言，地区的基础设施水平越高，对资本的承载吸收能力越强，则单位资本的回报也会越高，但是一旦涉及过度投资问题，其对地区资本回报率的影响方向便不太清晰。本书借鉴王永剑（2011）的方法，用每平方公里公路、铁路和河流的里程数作为各地区基础设施水平的衡量指标。数据来源于《中国统计年鉴》。

9.2.2　其他变量的说明

1. 地区经济发展水平

陈立泰等（2010）在分析农业资本利润率变动的成因时，发现实际 GDP 的提升能够显著拉升资本回报率。黄先海、杨君（2012）在分析工业资本回报率的影响因素时，指出 GDP 的波动对工业资本回报率具有显著的正向影响。一般来讲，一个地区的经济发展水平越高，对资本的使用效率和配置效率就会越高，因为充足的资本能够被良好的经济环境及时地消化吸收，从而带来较高的资本回报。因此，本书将地区经济发展水平纳入控制变量的考虑范围，不过与已有文献不同的是，本书考察的是地区人均 GDP 的增长率对资本回报率的影响，因为人均 GDP 更能衡量一个地区真实的经济发展水平。数据取自《中国统计年鉴》。

2. 资本深化程度

资本深化指的是在一定的技术条件下，单位工人所配备的资本数量。在资本深化的最优范围内，资本数量越多，劳动力的边际产出越高；而当资本过度积累之后，资本的深化会抑制资本的边际回报率。目前国内已有的文献，对于资本深化与资本回报率之间关系的研究结论基本一致。陈仲常和吴永球（2005）认为改革开放以前，资本深化与资本利润率之间的关系不显著，而在 1980 年之后，它们之间存在着显著的负相关关系。此外，黄先海和杨君（2012）、陈培坎（2013）等都发现资本深化等能够显著降低资本回报率。本书用固定资本形成总额比上就业人员人数来衡量资本深化程度，固定资本形成总额的数据来源于中国统计局，就业人员 1999—2008 年的数据取自纸质版中国统计资料，2009—2015 年的数据来源于《中国区域经济统计年鉴》和各省（区、市）的统计年鉴。

3. 地区对外开放程度

现有文献很少考虑到地区的对外开放程度对资本回报率产生的影响。然而，地区经济对国际市场的依赖程度越高，表明经济发展越开放，越方便引进先进的技术和管理经验，从而会在一定程度上提高地区的资本回报率。黄先海和杨君（2012）用外贸依存度衡量地区的对外开放水平，并通过实证检验表明，其对资本回报率具有显著的促进作用。本书在分析中也将外贸依存度作为主要的控制变量之一，以减少模型的遗漏变量问题。外贸依存度等于用年平均汇率换算后的以人民币计价的进出口总额除以国内生产总值，其中以美元计价的进出口总额数据来源于中国统计局，年平均汇率取自《中国金融年鉴》。

4. 地区金融发展水平

随着金融体系市场化改革的不断推进，中国各地区的金融发展水平对资本回报率的影响将会更加显著。而基于金融发展视角的资本回报率研究还比较少，潘文卿、张伟（2003），李青原、江春等（2010）、王永剑（2011）等研究了金融发展对资本配置效率的影响，但得出的结论不太一致。衡量地区的金融发展水平有一系列的指标，主要有 Goldsmith 的金融相关率、Mikinnon 的经济货币化程度、股票流动性、股票市场规模、非国有银行的信贷份额、存贷差和存贷比等。不同的文献综合了多种指标来研究金融发展水平对某一重要经济变量的影响。考虑到数据的可得性和指标的代表性，本书仅将金融机构的存贷比作为金融发展水平的衡量指标。一方面，存贷比表示金融机构将存款转化为投资的能力，存贷比越高说明金融机构将吸收的存款转换为对外贷款的效率越高；另一方面，存贷比也是衡量金融机构流动性风险的指标之一，存贷比越高说明金融机构将要面临的流动性风险越高，这是因为金融机构作为营利性组织，在存款一定的情况下只有发放更多的贷款才能更好地盈利，由此各地区普遍存在金融机构信用过度扩张、信贷盲目等问题，这不仅增加了地区金融的流动性风险还大大降低了资本的配置效率，从总体上对资本回报率会产生不利影响。本书的金融机构存贷款总额数据取自《新中国六十年统计资料汇编》和各地区统计年鉴。

5. 技术进步

本书用全要素生产率（TFP）的增长率来衡量地区的技术进步情况，

这也是学术界的普遍做法。TFP的估算方法大致可以分为两类：经济计量法和增长会计法。经济计量法需要用到经济计量模型，能够较为全面地考虑到各种因素的影响，但估算过程较复杂；增长会计法虽然假设约束强，但估算过程相对简单。本书用增长会计法中的索洛残差法（SR）估算全要素生产率，具体方法如下：

设总量生产函数为C—D生产函数

$$Y_{it} = A_{it} K_{it}^{\alpha} L_{it}^{\beta} \tag{9.2}$$

其中，Y_{it}表示i地区第t年的实际总产出，为名义GDP扣除物价指数（以1978年为基期）后的值；L_{it}表示i地区第t年的劳动投入，由各地区的就业人数代替，数据来源于相关年份的《中国统计年鉴》；K_{it}表示i地区第t年的实际资本存量，为上文测算得到的数值；α为平均资本产出份额，β则为平均劳动力产出份额。两边同时取自然对数得到

$$\ln Y_{it} = \ln A_{it} + \alpha \ln K_{it} + \beta \ln L_{it} + \varepsilon_{it} \tag{9.3}$$

其中，ε为误差项，通常假设$\alpha + \beta = 1$，即规模收益不变，上式可变为

$$\ln(Y_{it}/L_{it}) = \ln A_{it} + \alpha \ln(K_{it}/L_{it}) + \varepsilon_{it} \tag{9.4}$$

这是一个双对数模型，用OLS进行估算将得到α的值，进而由$1-\alpha$得到β的值，代入式（9.2），便得到各地区全要素生产率的值。如表9.1所示，将对本书实证中要用到的变量进行统一说明。

表9.1　各变量说明

变量名	变量解释	测算方法	与资本回报率关系的假设
资本回报率（*effic*）	单位资本所带来的边际产出的实际增加值	借鉴资本租金公式，参考白重恩（2006）	——
财政分权度（*fdl*）	用来衡量财政分权程度的指标	参考徐永胜和乔宝云（2012）	正相关关系
财政自给率（*fssr*）	政府治理能力的衡量指标之一，表示政府自身筹款能力	预算内财政收入/预算内财政支出	不明确

续表

变量名	变量解释	测算方法	与资本回报率关系的假设
非税负担（*nontax*）	政府治理能力的衡量指标之二，表示政府与企业之间的关系	地方政府的行政事业性收费和罚没收入占一般预算收入的比重，参考胡凯、吴清（2012）	负相关关系
产权保护水平（*ippl*）	政府治理能力的衡量指标之三，表示政府对知识产权的保护力度和对法治的重视程度	用各地区国内专利申请受理量衡量	正相关关系
基础设施水平（*infras*）	政府治理能力的衡量指标之四，表示政府对基础设施建设的重视程度	用各地区每平方公里公路、铁路和河流的里程数来衡量	不明确
人均 *GDP* 增长率（*growth*）	用来衡量地区经济的发展水平	增长率的计算公式	正相关关系
资本深化（*cd*）	指在一定的技术条件下，单位工人所配备的资本数量	固定资本形成总额与就业人员人数的比值	负相关关系
外贸依存度（*rdft*）	用来衡量地区对国际市场的开放程度	用年平均汇率换算后的以人民币计价的进出口总额除以国内生产总值	正相关关系
存贷比（*ldr*）	衡量地区金融发展水平，一方面表示地区金融机构的效率，另一方面表示地区金融机构隐藏的流动性风险	地区金融机构的贷款总额与存款总额的比值	不明确
全要素生产率增长率（*tfp*）	用来衡量地区技术进步水平	索洛残差法	正相关关系

9.2.3 各变量的统计性描述

如表 9.2 所示，它给出了各个变量的描述统计结果，从资本回报率来看，地区之间的资本回报率的差距很大，标准差约为 0.06，说明资本回报率的分布较为分散。关键解释变量及其他控制变量在地区之间的差距也很大，解释变量的变异程度越大，那么对被解释变量变动程度的解释能力就越强。

表 9.2　变量统计性描述

变量名	含义	均值	标准差	最小值	最大值
effic	当期资本回报率	0.140	0.060	−0.002	0.297
Effic_1	上期资本回报率	0.144	0.059	−0.002	0.297
fdl	财政分权度	0.063	0.058	0.003	0.318
fssr	财政自给率	0.514	0.196	0.150	0.950
nontax	企业的非税负担	0.109	0.048	0.020	0.370
ippl	产权保护水平	27062.52	57252.28	124.00	504500.00
infras	基础设施	0.689	0.500	0.020	2.880
growth	人均 GDP 增长率	0.139	0.062	0.0007	0.370
cd	资本深化	25187.80	23123.84	1899.03	129250.70
rdft	外贸依存度	0.327	0.405	0.030	1.720
ldr	存贷比	0.753	0.140	0.212	1.338
tfpgrowth	全要素生产率增长率	0.106	0.333	−0.028	0.222

更进一步地，可以利用统计软件 Stata 12.0 绘出地区资本回报率（*effic*）的时间趋势图。

如图 9.1 所示，不同地区资本回报率在大体上呈现出下降趋势，但下降的幅度和波动情况在不同地区有较大的差别。有些地区的变化比较平稳（如贵州），有些地区处于波动下降状态（如浙江），有些地区资本回报率的下降幅度很大（如内蒙古）。在某种程度上，资本回报率的地区差异有助于估计决定资本回报率变动的因素。

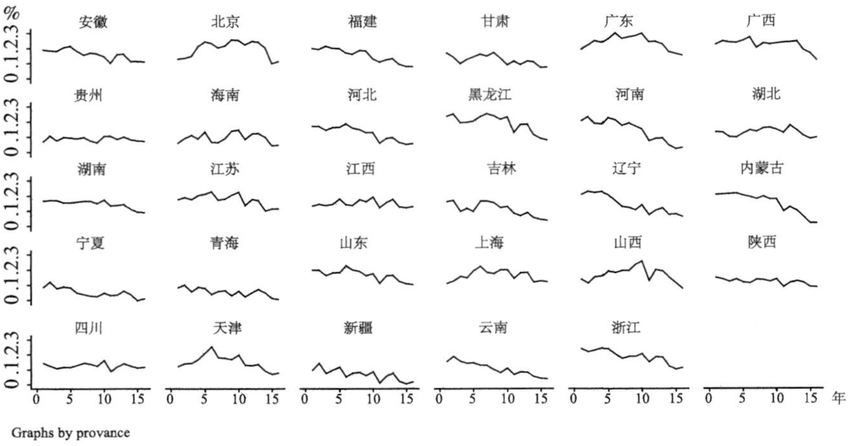

图 9.1　地区资本回报率时间趋势图

9.3　实证模型的全样本回归

9.3.1　模型建立与估计方法说明

本书用 1999—2014 年的省级面板数据，基于财政分权和政府治理视角，对地区资本回报率的影响因素进行实证检验，构建如下计量模型：

$$effic_{it} = \beta_0 + \gamma\, effic_{i,t-1} + \beta_1 fdl_{it} + \sum_{j=2}^{5} \beta_j govern_{ijt} + \sum \alpha_j\, con_{jit} + \lambda_t + \mu_i + \varepsilon_{it} \tag{9.5}$$

其中，i，t 代表地区和年份；j 表示协变量的个数；$effic_{it}$和$effic_{i,t-1}$表示 i 地区第 t 年和 $t-1$ 年的资本回报率；fdl_{it}为财政分权度；$\sum_{j=2}^{5} \beta_j\, govern_{ijt}$ 为衡量政府治理的 4 个变量，分别是财政自给率（*fssr*）、企业非税负担（*non-tax*）、产权保护水平（*ippl*）和基础设施水平（*infras*）；con_{jit}为一系列的控制变量；λ_t 为时间效应，用来衡量资本回报率的时间变化趋势；μ_i 为地区的个体效应，该效应不随时间的变化而变化；ε_{it}为残差项。

对于静态面板数据，一般都用固定效应模型或随机效应模型进行估计，而具体应该选择哪种计量模型，常用的方法是利用 Hausman 检验进行取舍。又由于前一期的资本回报率会对下一期的资本回报率产生一定的影响（本书将这一影响定义为资本回报率的惯性），因此本书将因变量的滞后一阶作为一个重要的解释变量放入模型里面，然后分别用随机效应模型和固定效应模型进行估计，最后根据 Hausman 检验的结果选择最终的估计模型。

此外，为了减少数据的波动及尽可能消除变量间的异方差，本书在最后的计量回归中，将除了资本回报率、资本回报率的滞后阶、人均 GDP 增长率和 *tfp* 增长率之外的所有变量都做了对数化处理，由于这几个变量的值在部分省份的个别年份为负数或趋近于零，因此不能取对数。所以本书最后的实证用的是半对数模型，经实证证明，对数化处理之后的模型更加稳健，而且更能满足模型正态分布的假设。

9.3.2 模型的实证分析结果

本书用随机效应和固定效应分别估计了只含关键解释变量的模型和加入其他控制变量之后的模型，所有模型都控制住时间趋势，具体的回归结果如表 9.3 所示。

表 9.3 全样本回归结果

资本回报率				
解释变量	随机效应		固定效应	
	(1)	(2)	(3)	(4)
L. effic	0.822***	0.802***	0.615***	0.601***
	(31.00)	(31.22)	(16.22)	(16.63)
ln*fdl*	0.00518	0.00562	0.0191*	0.0192*
	(1.73)	(1.87)	(2.19)	(2.16)
ln*fssr*	0.00194	0.00139	−0.0294*	−0.0327**
	(0.35)	(0.23)	(−2.35)	(−2.65)

续表

资本回报率				
解释变量	随机效应		固定效应	
	(1)	(2)	(3)	(4)
ln*nontax*	-0.00292 (-1.07)	-0.000855 (-0.30)	-0.0137 * (-2.27)	-0.0119 * (-2.10)
ln*ippl*	-0.00113 (-0.49)	-0.00131 (-0.57)	0.00506 (1.30)	0.00512 (1.38)
ln*infras*	0.00312 (1.58)	0.000154 (0.08)	-0.00216 (-0.28)	-0.00147 (-0.20)
growth		-0.134 ** (-2.90)		-0.170 *** (-3.59)
ln*cd*		-0.00803 *** (-3.69)		-0.0162 ** (-2.89)
ln*rdft*		0.00363 (1.78)		0.00174 (0.41)
ln*ldr*		-0.0121 (-1.76)		-0.0239 * (-2.46)
tfpgrowth		0.375 *** (6.48)		0.406 *** (6.97)
- *con*	0.0336 (0.98)	0.125 ** (2.77)	-0.0231 (-0.43)	0.145 (1.66)
Year	控制	控制	控制	控制
样本值	435	435	435	435
R^2			0.768	0.803
adj. R^2			0.739	0.775
Wald chi2	2916.10 [0.0000]	3426.68 [0.0000]		
F 检验			2.23 [0.0002]	2.47 [0.0001]
Hausman 检验			52.47 [0.0000]	58.69 [0.0000]

注：1. 系数下方圆括号内的数值表示估计系数的 *T* 值；2. *** 、 ** 和 * 分别表示在 1%、5% 和 10% 的水平上显著；3. 方括号内的数值分别表示 Wald chi2、F 检验、Hausman 检验的 P 值，其中 Hausman 检验的 P 值为 0.0000，表示固定效应模型更优。

从 Hausman 检验的结果来看，用固定效应模型进行估计是最优的，因此本书最终的实证结果以固定效应为准。由此，本书做出如下结论：

（1）资本回报率在时间上存在很强的惯性。无论是单独估计财政分权与政府治理相关变量对地区资本回报率的影响，还是加入其他控制变量之后的估计，结果都显示，上一期的资本回报率对当期资本回报率的影响显著为正，而且系数很大。这说明资本回报率在时间上存在非常显著的惯性，当期的资本回报率在很大程度上会受到前期的资本回报率的影响，这与其他文献的研究结果一致。在进行实证分析时，有必要将资本回报率的滞后项作为解释变量进行回归，这样会使估计结果更加有效。

（2）财政分权对资本回报率具有较强的正向影响。在回归表中的模型（3）和模型（4）中，财政分权度对资本回报率的影响系数都在 10 % 的显著性水平上是正的，虽然显著性有点低，但足以说明财政分权对地区资本回报率是存在正向影响的。此外，随着控制变量的加入，该系数的变动程度比较小，说明财政分权度对资本回报率的影响效果比较稳健，财政分权度越高，地区的资本回报率越高，这印证了本书之前的假设。虽然大量的文献表明，中国式财政分权程度的提高会给经济发展的各个方面造成不利影响，但是本书经济体中存在最优的财政分权度，在这个最优的范围内，适当的提高分权程度有利于经济增长，提升资本的回报率。

（3）代表政府治理水平的财政自给率和企业的非税负担是影响资本回报率的关键因素，而其他体现政府治理水平的变量对资本回报率的影响不显著。财政自给率系数的显著性水平都在10%以上，且随着控制变量的加入，系数的绝对值变大，而且显著性也提高到了 5%。该变量系数估计值的符号为负，这表明地方政府财政自筹能力的高低更多地反映了企业生产经营过程中的非市场交易成本的高低。财政自给率越高，说明企业当年所承担的税收支付越多，对利润产生挤压效应，从而降低了整体的利润率，地区资本回报率也因此降低。此外，企业的非税负担与资本回报率之间的关系在统计上较为显著，而且系数为负，这恰好印证了本书之前的假设，企业的非税负担降低，在很大程度上能降低非市场交易成本所占的比重，释放更多的利润空间，从而增加利润率。

此外，产权保护水平、基础设施水平对资本回报率的影响都不显著。从估计结果看，虽然影响不显著，但是两个变量的系数估计值都与本书之前的假设基本一致。从产权保护水平来看，其对资本回报率的影响为正，表明地方政府对产权保护越重视，当地的法制水平越高，越能吸引优质资本来此投资，从而使地方的整体资本回报率得到提升。由于地方产权保护水平在地区上的差异非常大，所以使回归结果不太显著。从基础设施水平来看，其回归系数为负，这与王永剑（2011）的研究结果一致。郑京海等（2008）、赵勇和雷达（2010）也指出基础设施投资在我国投资中占的比例较大，基础设施水平的提高虽然会对经济增长和资本形成有较大影响，但是却不利于资本回报率的提高。本书对此的解释是：地方政府在基础设施方面存在着严重的重复建设现象，将过度的资本用于基础设施建设，忽略资本的配置规律，从而降低了资本回报率。

（4）衡量地区经济发展水平的人均 GDP 增长率对资本回报率的影响非常显著，但符号为负。一般来说，地区的经济发展水平越高，对单位资本的吸收能力越强，资本消耗所带来的回报也就越高。但本书实证检验的结果却恰好相反，这与陈立泰、叶长华（2010）和黄先海、杨君（2012）的研究存在很大差异。对此本书的解释是：长期以来，地方政府之间为追求政绩进行“GDP 竞赛”，这种唯 GDP 论的经济增长方式其实与经济发展规律是相违背的，各种过度投资、土地政策等，均是为了追求 GDP 在数值上的增长，却忽视了资本的最优配置，从而抑制资本回报率的提升。

（5）资本深化会显著拉低资本回报率。资本深化对地区资本回报率的影响也与大多数的研究一致，人均资本越多，反而会降低资本的使用效率，从而使资本的回报率显著降低。

（6）对外开放程度对地区资本回报率的影响在统计上不显著，金融机构存贷比对资本回报率的影响较为显著。从前文的回归结果来看，外贸依存度对资本回报率具有提升作用，但这一作用在统计上不显著，外贸依存度越高，地区外向型的经济发展水平越高，越有可能引进先进的技术设备和管理经验，最终会拉升地区的资本回报率。另外，从存贷比的估计系数来看，其在5%的显著性水平上对资本回报率具有拉低作用，这表明存贷比揭示了隐藏在地区金融机构中的流动性风险和资本配置结构，金融机构的存贷比在国家的监管红线之下，为了保证盈利水平，一方面通过大范围地吸收存款来守住监管红线；另一方面随着可贷资金的增多，盲目信贷的现象，特别是住房贷款的火热，使资本并没有得到最有效的配置，反而增加了金融机构潜在的流动性风险，于是在某种程度上会降低地区资本的回报率。

（7）全要素生产率的增长率对地区资本回报率有着非常显著的正向影响。这表明在地区经济发展过程中，技术进步水平的提升能够显著地提高资本回报率，在其他条件不变的情况下，技术进步代表的是劳动生产率的提升，这给企业带来的最终影响便是利润率的提升。

9.4 沿海地区和非沿海地区的分样本回归

9.4.1 模型建立与估计方法说明

本书的分样本回归是将全国分为沿海地区和非沿海地区进行的。具体用到的模型与全样本回归相同，但是估计方法有很大差别。由于本书的全样本为短面板数据（截面 N 为 29，时间跨度 T 为 16），所以全样本回归可以采用固定效应模型，而分样本之后，样本变成了长面板数据（N 小，T 大），继续用短面板的处理方法进行回归会得到有偏的结果。因此，在做分样本回归时，用到的是可行的广义最小二乘法（FGLS）①。

在进行分样本回归时，为了保证与全样本回归结果的可比性，依然建立的是半对数模型。

① 参考了陈强《高级计量经济学及 stata 应用》中关于长面板的论述。

9.4.2 模型的实证分析结果

从回归的结果来看（见表9.4），无论是从全国层面，还是从分地区层面资本回报率的惯性作用都非常明显。将全国分为沿海地区和非沿海地区之后，其他影响因素对资本回报率的影响不尽相同，具体结论如下：

表9.4 模型的分样本回归结果

解释变量	资本回报率 全国 (1)	资本回报率 沿海地区 (2)	资本回报率 非沿海地区 (3)
L. effic	0.601 ***	0.474 ***	0.538 ***
	(16.63)	(9.35)	(21.69)
ln*fdl*	0.0192 *	0.00182	0.0370 ***
	(2.16)	(0.24)	(6.99)
ln*fssr*	-0.0327 **	-0.00677	-0.0193 ***
	(-2.65)	(-0.60)	(-4.93)
ln*nontax*	-0.0119 *	-0.0105 *	-0.00905 **
	(-2.10)	(-2.26)	(-2.91)
ln*ippl*	0.00512	0.00610	0.00530 ***
	(1.38)	(1.51)	(3.41)
ln*infras*	-0.00147	0.00238	0.00750 *
	(-0.20)	(0.29)	(2.07)
growth	-0.170 ***	0.221 ***	-0.0170
	(-3.59)	(4.45)	(-0.90)
ln*cd*	-0.0162 **	-0.0171 **	-0.0269 ***
	(-2.89)	(-2.88)	(-7.79)
ln*rdft*	0.00174	0.00956 ***	0.00987 ***
	(0.41)	(3.56)	(4.72)
ln*ldr*	-0.0239 *	-0.0150	-0.00114
	(-2.46)	(-0.99)	(-0.21)

续表

资本回报率			
解释变量	全国	沿海地区	非沿海地区
	(1)	(2)	(3)
tfpgrowth	0. 406 *** (6. 97)	0. 0236 (0. 34)	0. 355 *** (17. 45)
- con	0. 145 (1. 66)	-0. 192 (-1. 34)	0. 251 * (2. 30)
年份	控制	控制	控制
省份		控制	控制
样本值	435	165	270
估计方法	固定效应	*FGLS*	*FGLS*
R^2	0. 803		
adj. R^2	0. 775		
F 检验	2. 47 [0. 0001]		
Wald chi2		2446. 58 [0. 0000]	25766. 42 [0. 0000]

注：1. 系数下方圆括号内的数值表示估计系数的 *T* 值；2. *** 、 ** 和 * 分别表示在 1%、5% 和 10% 的水平上显著；3. 方括号内的数值分别表示 Wald chi2、*F* 检验的 *P* 值。

（1）财政分权对非沿海地区的资本回报率具有显著的提升作用，而这一作用在沿海地区不明显。对此本书的解释是：沿海地区由于其地理位置的特殊性，经济开放早于非沿海地区，各级政府对中央政府的财政依赖程度低于非沿海地区，拥有更高的财政自主权；而非沿海地区的财政集权程度高于沿海地区，财政自主权受到较大的限制。因此，受到财政分权体制改革的影响会大于沿海地区。

（2）从政府治理水平来看，衡量政府治理的 4 个代理变量对非沿海地区的影响非常显著，而对于沿海地区来说，企业的非税负担才是抑制其资本回报率提升的关键因素。对于非沿海地区，除了基础设施水平之外，其他 3 个衡量政府治理水平的代理变量对资本回报率的影响方向都与全国情况一致，并且影响效果更加显著。这说明：第一，各级政府财政收入的来源更多依赖企业的税收支付，即财政自筹能力更多地反映了企业税收负担的强弱，在很大程度上拉低了地方的资本回报率；第二，企业非税负担是各级政府财政收入的重要来源之一，能够大大降低企业的利润率，对资本回报率产生很强的抑制作用；第三，良好的产权保护水平是资本回报率提升的关键因素，由于非沿海地区的法制环境劣于沿海地区，较小的法制水平的提升能够对资本回报率产生较大的正向溢出效应；第四，对于非沿海地区，基础设施水平显著落后于沿海地区，基础设施水平的提升能够明显增强地区对资本的承载能力，从而在很大程度上提升资本回报率。而对于沿海地区，财政自给率、产权保护水平和基础设施水平并没有显著影响到资本回报率，企业的非税负担是使资本回报率降低的重要因素，各级政府的行政性事业收费和罚没收入对企业的非市场交易成本能够产生较大的影响，从而间接影响到地区资本回报率。

（3）从地区资本回报率的其他影响因素来看，沿海地区主要受到宏观经济发展水平、资本深化、外贸依存度的影响，地区金融机构的存贷比和技术进步水平却没有显著影响资本回报率；从非沿海地区的回归结果来看，除了宏观经济的发展水平和地区金融机构的存贷比以外，其他因素对资本回报率的影响都非常显著。

以上回归结果说明：第一，沿海地区由于整体经济发展水平高于非沿海地区，对资本的消化吸收能力强，而且在经济建设中更加注重资源的配置规律，从而对资本回报率产生很强的正向影响；第二，无论是经济发达的沿海地区，还是经济发展稍显落后的非沿海地区，资本深化对资本回报率的影响依然是负向的，而且非沿海地区这一负向影响更加显著；第三，虽然从全国层面来看外贸依存度对资本回报率的影响不显著，但划分沿海和非沿海地区之后，外贸依存度对资本回报率的拉升作用非常显著，且非沿海地区的这一作用稍微强于沿海地区；第四，虽然在统计上不显著，但地区金融机构的存贷比对资本回报率依然存在抑制作用，而且沿海地区由于金融发展水平和完善程度都高于非沿海城市，因此使这一抑制作用大大高于非沿海地区；第五，技术进步对沿海地区资本回报率的促进作用不再显著，反而是技术发展水平稍显落后的非沿海地区在技术水平上稍微进步一点便能显著拉高资本回报率。

10 我国投资效率的国际比较

10.1 我国宏观投资率和资本边际生产率的国际比较

为了更加全面地探究我国是否过度投资，以及资本的形成效率，本书先简单地运用资本边际生产率指标，对我国的宏观投资效率进行国别比较。因考虑到东亚地区在全球经济发展过程中具有独特的发展模式——GDP 增长率和投资率都是最高的。而中国地处东亚，在风俗习惯、文化传统、经济发展历程与模式等方面都与该地区有相似之处。所以，本书在进行投资率与投资效率的国际比较时，首先根据地理区位的原因，选择了同为东亚地区的日本与韩国，而后根据不同国家的发展模式不同，选取了位于欧洲的德国，以及北美洲的美国。其次，在发展中国家里，选取了与我国经济发展模式相似的印度，以及东南亚最大的经济体印度尼西亚进行比较。

如表 10.1 所示，我们可以看到，美国、日本与德国的投资率均保持在 20% 左右，达到世界平均水平。中国、印度尼西亚、印度、韩国的平均投资率接近或超过 30%，这表明亚洲的经济增长有其独特的方式。投资主导的发展模式虽然能够带来快速增长，但与此同时带来的金融风险高、环境治理难等诸多问题，给后续的经济增长留下了难题。

表 10.1　2000—2014 七国投资率的比较

单位:%

年份	中国	德国	印度尼西亚	印度	日本	韩国	美国
2000	34.92	23.92	22.25	24.11	25.10	32.94	23.57
2001	36.07	22.31	22.54	25.57	24.30	31.56	22.05
2002	37.66	19.92	21.40	24.97	22.46	30.94	21.58
2003	40.98	19.69	25.60	26.14	22.40	32.01	21.66
2004	43.04	19.12	24.06	32.45	22.50	32.12	22.53
2005	41.88	18.81	25.08	34.28	22.47	32.16	23.22
2006	42.71	19.77	25.40	35.87	22.68	32.70	23.33
2007	41.39	20.75	24.92	38.03	22.88	32.58	22.35
2008	43.67	20.86	27.82	35.53	22.98	33.02	20.79
2009	47.58	18.07	30.99	36.30	19.67	28.47	17.51
2010	47.35	19.63	32.88	36.53	19.81	32.02	18.39
2011	47.17	21.08	32.98	39.58	20.19	32.96	18.54
2012	47.32	19.26	35.07	38.26	20.86	31.00	19.35
2013	47.68	19.38	33.83	34.66	21.23	29.10	19.55
2014	46.20	19.31	34.57	34.09	21.82	29.28	19.92

资料来源：世界银行网站。

在计算过程中，因某些国家的经济增速为负数，而导致某些年份的资本边际生产率也为负数（见表 10.2）。

表 10.2　2000—2014 年七国投资效率的比较（基于资本边际生产率）

单位:%

年份	中国	德国	印度尼西亚	印度	日本	韩国	美国
2000	0.241	0.124	0.221	0.159	0.090	0.268	0.174
2001	0.230	0.076	0.162	0.189	0.015	0.143	0.044
2002	0.241	—	0.210	0.152	0.013	0.240	0.083
2003	0.245	(0.036)	0.187	0.301	0.075	0.092	0.130
2004	0.234	0.061	0.209	0.244	0.105	0.153	0.168

续表

年份	中国	德国	印度尼西亚	印度	日本	韩国	美国
2005	0.271	0.038	0.227	0.271	0.058	0.122	0.144
2006	0.297	0.187	0.217	0.258	0.075	0.158	0.114
2007	0.343	0.157	0.255	0.226	0.096	0.168	0.080
2008	0.220	0.052	0.216	0.110	(0.045)	0.086	(0.014)
2009	0.194	(0.311)	0.149	0.234	(0.281)	0.025	(0.158)
2010	0.225	0.208	0.189	0.281	0.238	0.203	0.138
2011	0.201	0.174	0.187	0.168	(0.022)	0.112	0.086
2012	0.164	0.021	0.172	0.147	0.084	0.074	0.115
2013	0.161	0.015	0.164	0.192	0.064	0.100	0.076
2014	0.157	0.083	0.145	0.212	(0.001)	0.114	0.122

资料来源：世界银行网站。

首先，一些发展中国家（中国、印度尼西亚、印度）的资本边际生产率在样本国家里较高，即投资效率较高；而德国，日本、韩国和美国相对来说较低。中国、印度尼西亚、印度 3 个发展中国家的资本边际生产率变动趋势存在相似之处，这反映了三国具有相似的经济改革模式：在经济发展初期，资本存量匮乏，扩大资本存量能够有效地促进经济的快速增长，但当发展到一定阶段后，唯有保持合理适度的投资量，才能够促进经济的持续增长和均衡发展。

其次，从发展趋势来看，2008—2010 年，各国的资本边际生产率几乎都相应地有所提高，其原因可能是面对当时全球性的金融危机，各国采用的应对性的经济刺激政策对本国的经济发展产生了积极作用，但从 2011 年后，这些政策效应渐渐消失，致使各国的资本边际生产率渐渐下降。

最后，虽然从数值上看，美国的资本边际生产率在 0.1 左右，但考虑到美国拥有巨大的资本存量，因此在其经济发展过程中，投资效率是非常高的。在很长一段时间，美国的经济发展模式仍是值得我们学习和借鉴的。

克鲁格曼在评论东亚金融危机时，曾指出这场危机的本质原因在于投资的低效率，从表10.2和表10.3中可以发现，尽管我国的投资效率在七国之中依旧是较高的，但呈现持续下滑的趋势。有鉴于此，只有进行投资结构的优化，改变以往粗放型的经济增长模式，加快创新驱动的脚步，降低经济风险，由一味提高投资率向提高投资效率转变。

10.2 新兴经济体国家的宏观投资效率的比较研究

过去20年，新兴经济体快速发展，成为推动全球经济增长的重要力量。但是，国内外至今尚未对新兴经济体的定义和范畴达成共识。然而，不可否认的是，新兴经济体是指正在经历工业化和经济社会快速发展的经济实体。由于新兴经济体在发展过程中政府干预较多，因此宏观投资效率问题突出。全球金融危机爆发以来，包括中国在内的新兴经济体的经济增速放缓，因此我们可以就新兴经济体的宏观投资效率展开比较研究，以期为提高我国的宏观投资效率提供参考。

10.2.1 有关新兴经济体国家宏观投资效率研究的文献综述

西方国家的市场机制较完善，政府较少干预经济运行，因此研究西方国家的宏观投资效率的文献不多。而在原计划经济国家和东南亚国家，存在较多政府干预，宏观投资效率问题突出，因此现有研究宏观投资效率的文献主要针对这些国家。前面本书已经提到，研究一国宏观投资的总量效率主要有两种测度方法：（1）分析宏观指标ICOR、K/Y和I/Y的变动，通过与其他国家对比或与历史数据对比，判断是否出现了“过度”的或“过快”的资本积累（本书在10.1节就使用了此方法）；（2）测算宏观投资动态效率的方法。一般说来，ICOR、K/Y和I/Y过于简单，有时单凭这些宏观经济指标的变动很难准确地判断是否出现了“过度投资”的问题（樊潇彦、袁志刚，2006）。因此，本书将主要用动态效率方法来探讨新兴经济体国家的宏观投资效率。

从长期增长的动态角度来看，经济的动态效率是指一个经济体的储蓄是否与经济最优增长所需的储蓄水平相一致，其核心问题是资本积累是否过度。新古典增长理论的 Solow—Swan 模型和 Ramsey—Cass—Koopmans 模型都对宏观经济的动态效率有精确的数学表达。在 Solow—Swan 模型中，资本积累的黄金律水平就是使稳态有效人均消费水平达到最大时的资本存量。当资本存量超过黄金律时，经济中的资本配置不再是帕累托最优的，并且对应着人均消费水平低于最优水平（Blanchard and Fischer，1989），这种状态常常被称作“动态无效”。采用类似 Solow—Swan 模型中的动态效率定义，Ramsey—Cass—Koopmans 模型引入代表性家庭的跨期消费决策后，经济中的储蓄率不再是外生给定的，而是与该经济体居民的消费习惯（包括时间贴现率和居民相对风险规避参数等）有关，并由此确定了资本积累的修正黄金律水平。可见，判断经济是否存在“过度投资”就看资本边际收益率是否低于黄金律水平或修正黄金律水平。但在实际中，我们看不到边际资本收益率，准确地估算又很困难，直到 Abel 等（1989）将不确定性引入 Diamond（1965）的代际交叠模型中，推导出检验随机动态经济的帕累托最优的总量检验标准，即 AMSZ 准则（净现金流准则），解决了这个难题。AMSZ 准则证明如果一个国家每年的总资本收益始终大于当年的总投资，即资本净收益 >0，那么这个国家的宏观投资就是动态有效的；如果前者始终小于后者，即资本净收益 <0，则是动态无效的。英国、法国、前联邦德国、意大利、加拿大和日本等 6 个工业化国家（1960—1984）与美国（1929—1985）的资本积累都是动态有效的（Abel 等，1989）。此后，学术界测算宏观投资的动态效率多根据新古典增长理论，沿用 AMSZ 准则。

即使根据 AMSZ 准则测算宏观投资的动态效率时，由于所采用的研究方法和指标不同，得出的结论也不尽相同。Ahn（2003）发现，日本在 20 世纪 80 年代后的动态有效不如 Abel 等（1989）的结论那样绝对；韩国在

1988—1997 年的动态无效情况最严重。

史永东和杜两省（2001）、史永东和齐鹰飞（2002）与袁志刚和何樟勇（2003）分别研究了 1992—1997 年、1992—1998 年及 1996—2001 年的数据，都发现中国经济运行处于一种动态无效状态；我国 1992—2001 年的情况和韩国 1988—1997 年的情况十分相近，存在比较明显的过度投资。杨传凤（2004）将我国经济的动态无效归因于我国的粗放式经济增长方式，特别是无效的投资配置。项本武（2008）运用自定义的总资本收益计算方式，测算和检验中国 1992—2003 年的经济动态效率，指出中国经济的动态效率是波动的，其中的大部分年份处于动态无效状态，中国经济的动态效率与投资率负相关。黄飞鸣（2010）扩展动态效率的充分条件，从总消费和总劳动收入的视角，利用 1985—2005 年的数据考察得出中国经济动态无效的结论。

白仲林等（2014）利用代际交叠模型推导出了城镇化进程中城乡二元经济动态有效率应满足的条件，扩展了 AMSZ 准则；采用 1992—2012 年的数据，实证分析发现中国经济长期处于动态无效的状态。刘宪（2004）使用与史永东和杜两省（2001）、史永东和齐鹰飞（2002）、袁志刚和何樟勇（2003）不同的总收益计算方法，根据 1993—2001 年的数据，发现中国经济在总体上是动态有效的；但是分地区来看，我国东部、中部地区的经济是动态有效的，而西部地区的经济是动态无效的。孟祥仲等（2008）发现我国的经济运行自 20 世纪 90 年代以来处于绝对有效的状态，但与发达国家战后经济发展黄金期的动态效率相比，仍处于相对动态无效的状态。吕冰洋（2008）探讨了 1996—2005 年中国资本积累的动态效率问题，发现：（1）与一般判断相反，中国总体资本积累具有动态效率，高投入式增长未必是粗放式增长；（2）资本积累的动态效率与经济波动和区域经济发展水平密切相关；（3）中国资本积累动态效率的提高主要源于技术进步、技术效率改进、静态和动态资本配置效率提高，考虑到中国市场化改革远未结束、后发优势仍存在巨大的利用空间、区域间产业结构的大规模升级和转换将持续相当长时间等因素，未来中国的资本积累动态效率提高的空间仍然很大。张延（2010）的理论研究指出，资本的过度积累源于 Diamond 模型两期交叠的期限结构；实证分析 1994—2008 年中国的宏观经济数据，发现中国不存在资本过度积累导致的动态无效率现象。

10.2.2 AMSZ 准则的研究方法和相关数据

1. 研究方法

（1）AMSZ 准则。本书将采用 AMSZ 准则测算新兴经济体的宏观投资效率。根据 AMSZ 准则，资本净收益的计算虽然涉及折旧（见表 10.3），但是很多统计年鉴并不提供折旧的数据，因此一些学者通过测算资本净收益与资产总价值的比值（D_t/V_t）来反映动态效率。其中，Vt 用当年的 GDP 或 GNP 替代。如果在任何时期 t，若 $D_t/V_t>0$，那么均衡是动态有效的；如果 $D_t/V_t<0$，那么均衡是动态无效的。

在已有的文献中，袁志刚和何樟勇（2003）、项本武（2008）、白仲林等（2014）、张延（2010）等都以流转税（增值税、消费税、营业税）加上关税来计算间接税。项本武（2008）采用的企业补贴来自国家财政分项目收入中企业亏损补贴，劳动者报酬和存货投资来自相关年份资金流量表（实物交易）中的劳动者报酬项及存货增加项，但是《中国统计年鉴》从 1992 年才开始统计劳动者报酬。史永东和杜两省（2001）、史永东和齐鹰飞（2002）、袁志刚和何樟勇（2003）都直接采用了 Abel 等（1989）的测算总资本收益和总投资的方法，但是由于中美两国的经济数据在统计方面存在差异，以上研究可能低估了我国经济中的总资本收益（刘宪，2004）。

表 10.3　基于 AMSZ 准则测量动态效率的方法

<table>
<tr><th>文献</th><th>判断方法</th><th>总资本收益</th><th>总投资</th></tr>
<tr><td>Abel 等（1989）</td><td rowspan="7">测量资本净收益和资本净收益与资产总价值的比值（D_t/V_t）。
如果资本净收益 >0，那么均衡是动态有效的；如果资本净收益 <0，那么均衡是动态无效的。
如果 $D_t/V_t>0$，那么均衡是动态有效的；如果 $D_t/V<0$，那么均衡是动态无效的。
其中，资本净收益 = 总资本收益 − 总投资</td><td>总资本收益 = 国民收入 + 资本折旧 − 劳动者报酬</td><td rowspan="6">总投资 = 固定资产投资 + 存货投资</td></tr>
<tr><td>史永东和杜两省（2001）</td><td>总资本收益 = GNP − 间接税 − 企业补贴 − 劳动者报酬</td></tr>
<tr><td>史永东和齐鹰飞（2002），袁志刚和何樟勇（2003）</td><td>总资本收益 = GDP − 间接税 − 企业补贴 − 劳动者报酬</td></tr>
<tr><td>项本武（2008），白仲林等（2014）</td><td>总资本收益 = GDP − 间接税 + 企业补贴 − 劳动者报酬</td></tr>
<tr><td>吕冰洋（2008）</td><td>总资本收益 = 国民收入 − 非资本税收 − 企业补贴 − 劳动者报酬</td></tr>
<tr><td>张延（2010）</td><td>总资本收益 = GDP − 间接税 − 折旧 − 劳动收入</td></tr>
<tr><td>刘宪（2004），孟祥仲、严法善、王晓（2008）</td><td>总资本收益 = 企业营业盈余 + 生产税净额 + 固定资产折旧 = GDP − 劳动者报酬</td><td>总投资 = 固定资产投资 + 存货投资 = GDP − 总消费 = GDP − 政府消费 − 居民消费</td></tr>
<tr><td>黄飞鸣（2010）</td><td>如果总消费和总劳动收入的比值大于 1，那么经济动态有效；如果比值小于 1，那么经济动态无效</td><td colspan="2">总劳动收入 = 劳动税收 + 劳动报酬
劳动税收 = 农牧业税 + 社会保险基金收入 + 劳动收入分摊的个人所得税
劳动报酬 = 劳动所得 − 劳动税收</td></tr>
</table>

1992 年至今，构成总资本收益的一些指标在《中国统计年鉴》中的统计口径有所变化，因此影响了后续测算对这些指标的使用。而且，世界各国的统计制度和统计口径有所不同。为了确保统计口径的一致性，本书将沿用刘宪（2004）和孟祥仲等（2008）测量资本净收益的方法，即

总资本收益 = 企业营业盈余 + 生产税净额 + 固定资产折旧 =

GDP - 劳动者报酬

总投资 = 固定资产投资 + 存货投资 = GDP - 总消费 =

GDP - 政府消费 - 居民消费

资本净收益 = 总消费 - 劳动者报酬

（2）宏观投资效率对经济增长的影响模型。由新兴经济体 i 在年度 t 的宏观投资效率 D_{it}/V_{it} 和经济总量 $\ln GDP_{it}$ 构成面板数据，因此本书将利用式（10.1）所示的理论模型，采用固定效应模型和最小二乘法，就新兴经济体的宏观投资效率对经济总量进行回归，以探讨宏观投资效率对经济增长的影响。其中，α_{it} 是反映新兴经济体个体特征的固定效应，β_{it} 是回归系数，u_{it} 是残差项。

$$\ln GDP_{it} = \alpha_{it} + \beta_{it} D_{it}/V_{it} + u_{it} \tag{10.1}$$

2. 数据来源及样本期

基于不同的标准，一些国际机构界定了新兴经济体的范畴。“金砖国家”是新兴经济体最重要的代表。高盛集团最早提出“金砖国家”的概念，此后又界定了经济发展潜力略低的“新钻 11 国”。国际货币基金组织（IMF）界定了 25 个新兴经济体。① 中国社科院世界经济与政治研究所与博鳌亚洲论坛共同把“新兴经济体”界定为二十国集团（G20）中 11 个新兴经济体（E11）：中国、巴西、阿根廷、墨西哥、韩国、印度尼西亚、印度、沙特阿拉伯、南非、土耳其和俄罗斯。② 从近 20 年的经济增长率、经济规模和人口总量、收入水平和收入差距、经济开放度等方面考虑，本书选用 G20 中的 E11 作为新兴经济体的研究范畴。

样本期要最大限度地反映新兴经济体投资效率的变化趋势，因此计算

---

① IMF. World economic outlook update: new setbacks, further policy action needed [EB/OL]. (2012-07-16) [2020-10-01]. http://www.imf.org/external/pubs/ft/weo/2012/update/02/index.htm.

② 王宁，史伟明. 博鳌亚洲论坛新兴经济体发展 2009 年度报告 [M]. 北京：对外经济贸易大学出版社. 2010：1.

宏观投资效率的时候，沙特阿拉伯和俄罗斯的样本期受到数据可获得性的影响分别选定1968—2011年和1989—2011年，其他9个新兴经济体的样本期都确定为1965—2011年。总消费的数据来自世界银行数据库的最终消费支出。劳动者报酬（Labor Compensation）根据美国圣路易斯联邦储备银行数据库公布的各国劳动者报酬占GDP的比重和世界银行数据库的各国GDP数据计算得到。最终，消费支出和各国GDP以2005年美元不变价计。

考察宏观投资效率对经济增长的影响，基于群组的可比性，样本期确定为1989—2011年。经济总量的数据来自世界银行，以2005年美元不变价计。宏观投资效率根据AMSZ准则计算得到。

10.2.3 实证研究结果

1. 新兴经济体国家的宏观投资效率

新兴经济体的资本净收益与资产总价值的比值（D_t/V_t）见表10.4。可见，新兴经济体的宏观投资效率与经济增长的趋势不完全一致。沙特阿拉伯在1971—1976年和1980年的$D_t/V_t<0$，即均衡是动态无效的；E11在样本期其他时间的$D_t/V_t>0$，即均衡是动态有效的。

表10.4　1965—2015年新兴经济体的宏观投资效率（基于D_t/V_t）

单位:%

年份	中国	阿根廷	巴西	印度尼西亚	印度	韩国	墨西哥	俄罗斯	沙特阿拉伯	土耳其	南非
1965	17.97	24.64	22.60	45.80	13.71	25.97	38.47	—	—	55.23	14.41
1966	14.58	26.94	24.08	55.94	14.27	21.57	38.95	—	—	54.49	14.04
1967	21.05	25.43	27.89	51.12	14.90	21.93	38.84	—	—	53.96	12.98
1968	19.88	26.37	26.50	46.78	14.90	20.02	39.78	—	49.35	53.74	12.23
1969	19.63	25.15	22.39	44.66	13.44	16.23	38.93	—	52.30	53.52	13.90
1970	12.25	23.84	24.68	39.37	13.03	19.65	36.03	—	7.40	52.96	16.14
1971	10.93	25.63	25.41	36.34	11.82	19.82	37.69	—	-0.99	54.89	13.74
1972	13.18	24.89	25.22	30.46	12.12	19.97	37.30	—	-4.43	51.45	11.88

续表

年份	中国	阿根廷	巴西	印度尼西亚	印度	韩国	墨西哥	俄罗斯	沙特阿拉伯	土耳其	南非
1973	11. 66	26. 34	22. 79	30. 47	12. 22	16. 50	36. 52	—	-6. 34	52. 33	12. 33
1974	12. 28	26. 27	25. 29	24. 83	10. 84	19. 69	35. 83	—	-21. 62	53. 39	11. 00
1975	10. 05	19. 86	21. 93	27. 04	10. 76	19. 16	35. 89	—	-9. 96	53. 84	11. 95
1976	11. 53	15. 16	24. 08	26. 58	10. 19	14. 90	35. 94	—	-7. 20	51. 22	13. 22
1977	10. 84	15. 91	23. 40	24. 65	9. 97	11. 32	33. 91	—	3. 58	51. 96	8. 27
1978	8. 14	18. 45	23. 02	26. 59	9. 35	9. 56	33. 82	—	15. 03	53. 73	8. 37
1979	9. 76	23. 10	24. 09	20. 85	11. 84	9. 77	32. 16	—	12. 15	53. 90	4. 64
1980	10. 81	25. 31	23. 71	15. 65	13. 83	17. 70	31. 96	—	-0. 02	54. 34	5. 62
1981	12. 07	26. 90	22. 10	21. 98	11. 54	17. 58	32. 01	—	5. 16	52. 54	8. 86
1982	10. 84	24. 82	24. 38	24. 68	11. 81	16. 24	28. 93	—	21. 57	51. 94	15. 59
1983	10. 95	24. 94	25. 71	23. 88	12. 62	14. 45	26. 52	—	33. 90	53. 54	11. 74
1984	11. 10	26. 34	23. 44	23. 34	10. 91	13. 78	29. 17	—	36. 91	53. 62	13. 41
1985	12. 07	26. 09	20. 45	23. 98	11. 58	14. 10	30. 60	—	44. 16	52. 33	10. 80
1986	11. 15	29. 84	23. 25	25. 14	11. 39	12. 74	34. 41	—	48. 67	49. 68	12. 34
1987	9. 67	29. 29	19. 23	21. 96	11. 50	10. 27	31. 48	—	47. 59	42. 25	14. 52
1988	9. 51	27. 18	16. 89	22. 16	10. 48	7. 87	32. 90	—	43. 23	39. 17	13. 86
1989	9. 72	27. 15	14. 43	18. 24	11. 53	8. 70	33. 97	65. 27	43. 93	40. 91	14. 06
1990	7. 22	29. 42	23. 40	21. 42	11. 02	8. 11	34. 82	24. 41	34. 95	38. 78	17. 02
1991	7. 46	32. 91	24. 27	20. 44	12. 43	7. 42	36. 43	18. 21	37. 67	36. 77	18. 56
1992	7. 23	33. 97	23. 39	20. 28	12. 11	8. 54	38. 59	6. 08	33. 38	36. 55	21. 44
1993	3. 08	32. 49	25. 00	21. 22	15. 60	9. 43	39. 66	10. 21	33. 55	36. 29	20. 54
1994	2. 42	33. 14	22. 12	21. 48	15. 36	9. 32	39. 51	8. 47	31. 21	40. 61	20. 48
1995	1. 39	36. 19	25. 57	23. 09	15. 08	8. 48	41. 09	14. 65	29. 56	44. 91	21. 42
1996	3. 72	39. 46	28. 34	24. 12	19. 21	8. 60	41. 52	8. 63	30. 06	45. 63	21. 78
1997	3. 90	41. 57	30. 54	23. 49	16. 98	10. 90	40. 99	12. 77	29. 89	44. 46	22. 92
1998	5. 65	40. 09	29. 25	27. 82	19. 55	11. 58	39. 58	19. 29	31. 94	39. 10	21. 92
1999	8. 73	38. 48	29. 67	32. 78	17. 34	14. 23	38. 70	14. 81	28. 21	40. 07	22. 16
2000	12. 35	39. 54	29. 36	21. 68	19. 76	12. 28	37. 30	7. 93	27. 98	42. 03	24. 71
2001	12. 50	38. 46	29. 22	23. 71	19. 41	13. 46	38. 22	9. 38	28. 47	43. 82	25. 62
2002	11. 61	36. 96	28. 67	26. 58	22. 59	14. 60	39. 99	9. 15	26. 34	42. 87	26. 15

续表

年份	中国	阿根廷	巴西	印度尼西亚	印度	韩国	墨西哥	俄罗斯	沙特阿拉伯	土耳其	南非
2003	10.13	38.23	28.67	20.98	21.91	12.29	38.54	7.29	23.62	45.74	26.97
2004	8.71	38.40	26.88	25.70	20.12	10.55	40.25	7.24	21.26	45.73	28.44
2005	8.49	36.14	26.72	26.62	20.37	10.99	40.69	8.49	15.69	45.74	29.38
2006	7.19	31.78	26.03	24.96	20.83	11.81	41.14	7.36	16.07	46.64	29.20
2007	9.00	31.19	24.92	26.15	19.47	12.09	41.62	7.02	16.52	49.32	28.10
2008	7.59	32.87	23.64	25.57	21.22	12.67	41.27	5.28	12.59	47.95	26.59
2009	6.65	36.59	25.69	19.56	20.22	12.30	42.00	8.61	26.98	50.81	26.38
2010	7.75	35.46	23.48	18.57	19.25	10.25	42.58	7.34	20.63	50.67	26.99
2011	8.86	35.79	23.20	17.89	18.94	11.00	42.42	4.51	14.60	49.76	27.73

整体来看，新兴经济体在1965—2011年的宏观投资效率的变化趋势：阿根廷、南非和印度的宏观投资效率显著提高了；印度尼西亚和俄罗斯的宏观投资效率大幅下降了；墨西哥的宏观投资效率在1965—1983年趋于下降，此后呈上升趋势，2011年的投资效率高于1965年；沙特阿拉伯的宏观投资效率出现了大幅波动，分别于1969—1974年、1978—1980年、1986—2008年和2009—2011年出现大幅下降，分别于1974—1978年、1980—1986年、2008—2009年出现大幅提高，宏观投资效率下降的时期都伴随着全球石油危机；巴西的宏观投资效率在大多数年份围绕着25%的水平波动，最低于1989年下降到14.43%，最高于1997年达到30.54%。

自1994年以来，土耳其、墨西哥和阿根廷的宏观投资效率居新兴经济体的前三位。韩国经济在1953—1996年迅速发展，创造了“汉江奇迹”，但是其宏观投资效率在样本期却呈现下降趋势；韩国于1995年作为创始成员国加入WTO，1995—2002年其宏观投资效率逐步提高，此后逐渐下降，近年来稳定在12%左右的水平。中国的宏观投资效率分别在1965—1978年、1989—1995年、2001—2011年呈下降趋势，并且伴随着小幅波动；1978年开始的改革开放和2000年开始的农村税费体制改革，都带来了制度创新，解放了生产力，改变了我国的经济增长方式，一段时间内提高了我国的宏观投资效率；2008 年全球金融危机等外部冲击导致中国宏观投资效率骤降，此后，我国政府通过采取刺激措施来稳定经济增速。但是，中国改革开放以来经济增长的来源在 2007 年前后不同，因此 2008 年我国政府采取的 4 万亿元经济刺激计划虽然使经济保持较高的增速，但是却导致宏观投资效率未能得到有效改善。从 D_t/V_t 的数值来看，中国的宏观投资动态虽然有效，但是与其他 10 个新兴经济体相比，中国的宏观投资效率仍处于比较低的水平，即相对无效率。导致中国宏观投资效率下降的原因包括资本边际报酬下降和外部冲击。

2. 新兴经济体的宏观投资效率对经济增长的影响

就 1989—2011 年新兴经济体的宏观投资效率 D_{it}/V_{it} 对经济总量 $\ln GDP_{it}$进行回归，得到关于 E11 的整体回归模型和金砖五国的回归模型，分别见表 10.5 中的模型 1 和模型 2。宏观投资效率提高确实带来经济增长，而且金砖五国的影响程度高于 E11 整体，金砖国家的宏观投资效率的经济增长效应约为 E11 整体水平的 1.4 倍，这在一定程度上可以解释金砖国家的经济增长率高于新兴经济体的平均水平这一现象。新兴经济体的经济增长受到宏观投资效率和经济体个体差异的影响。

表 10.5 回归结果

变量	E11	金砖五国
	模型 1	模型 2
D_{it}/V_{it}	0.009 *** (0.003)	0.013 *** (0.004)
截距项	26.68 *** (0.06)	26.97 *** (0.07)
观测值	253	115
Adjusted R—squared	0.95	0.90
Log likelihood	118.06	23.12

注：*** 表示在 1% 的显著性水平上显著；括号内为标准差。

10.2.4 研究结论和启示

本书采用 AMSZ 准则考察 1965—2011 年 E11 的宏观投资效率，发现除了沙特阿拉伯的经济增长在个别年份处于动态无效的均衡之外，E11 的经济增长在样本期其他时间都处于动态有效的均衡。实证研究表明，金砖五国的宏观投资效率的经济增长效应高于 E11 的整体水平。可见，新兴经济体的经济增长受到宏观投资效率和经济体个体差异的影响。

新兴经济体的宏观投资效率与经济增长正相关，因此只有确保宏观投资效率为正，才能保证经济持续增长和处于动态有效的均衡。新兴经济体应该利用后发优势，通过技术进步、技术效率改进、提高资本配置效率来提高宏观投资效率，为经济增长提供持续的动力。从宏观投资效率的测算方法来看，提高总消费或者降低劳动者报酬都可以提高资本净收益。考虑到劳动者报酬在长期的上升趋势，增加政府消费和居民消费才是提高资本净收益的有效路径，为此需要调整政府消费和居民消费结构，这具体涉及政府和居民在总消费中的比重、消费的产品结构等。

10.3 “一带一路”沿线国家的交通基础设施投资效率比较研究①

10.3.1 “一带一路”沿线国家的交通基础设施

基础设施是影响生产率和经济增长的重要因素。一方面，基础设施服务作为一种要素，可以直接投入生产环节；另一方面，基础设施可以通过降低交易成本，更有效地使用传统投入要素来提高生产率。因此，基础设施应该优先投资建设。

① 本节内容来自本课题阶段性成果：张娟，雷辉，王云飞，等.“一带一路”沿线国家的交通基础设施投资效率的比较［J］. 统计与决策，2016（19）：61－63.

2008年全球金融危机爆发以来，为提振经济，很多国家的基础设施建设快速、稳定发展。与此同时，我国部分基础设施建设趋于饱和，相关设备制造业产能过剩。新时期，我国提出“丝绸之路经济带”和“21世纪海上丝绸之路”（简称“一带一路”）等倡议，并且将金砖国家开发银行、丝路基金和亚洲基础设施投资银行（简称亚投行）作为推行“一带一路”倡议的重要载体。“一带一路”沿线国家有65个，它们的基础设施建设水平较低、经济发展不平衡，因此“一带一路”倡议既可以为这些国家的基础设施建设提供投融资平台，促进沿线国家经济发展，又可以扩大中国对外基础设施投资规模，拉动国内施工机械、劳务和相关商品的输出，消化过剩产能，为中国企业“走出去”营造良好的海外投资环境。

基础设施既包括铁路、公路、机场、ICT等一般性基础设施，又包括教育、科技、医疗、社保等高级基础设施（世界银行，2014）。公路、铁路、民航和水运等交通基础设施是基础设施的重要组成部分，而交通基础设施对经济增长的影响，即交通基础设施投资的经济效率，则是众多学者的研究对象。“一带一路”沿线国家的交通基础设施投资情况和经济发展水平存在较大差异，因此有必要考察它们的交通基础设施投资效率，以便“一带一路”倡议进行投资项目选择和管理。

10.3.2 国家公共基础设施投资效率的文献综述

关于基础设施投资对经济增长的影响效应的大量实证研究主要有两类：（1）基于宏观经济生产函数模型的研究；（2）基于时间序列、截面和面板等类型数据，应用各种计量经济学方法的研究。国外学者最早开始这方面的探索，很多研究发现基础设施投资对经济增长有正效应，但是不同数据结构和研究方法得到的影响程度不同。基于C—D生产函数，Aschauer（1989）区分了公共基础设施投资与一般消费性公共支出，研究发现美国对公共基础设施的投资显著提高了全要素生产率（TFP），产出弹性为0.39。此后，学术界掀起了关于基础设施投资的经济效率和政策选择研究热潮，而且关于美国的研究成果居多。Munnell（1992）区分了总公共资本与核心基础设施资本，研究发现美国基础设施投资对经济总产出有巨大贡献。Attaray（1988）研究发现高速公路投资的产出弹性是0.25。Holtz-Eakin（1988），Ram和Ramsey（1989）研究发现美国联邦政府公共基础设施投资和州政府公共基础设施投资的产出弹性分别为0.39和0.24。上述研究都得出公共资本具有相当高产出弹性的结论，这引发了众多学者的质疑：（1）在消除随机趋势影响之后，公共基础设施投资的产出弹性显著下降（Aaron，1990；Finn，1993）。（2）对Aschauer（1989）的模型添加汇率和能源价格等影响因素后，公共基础设施投资的经济效率大大减弱（Aaron，1990；Ram and Ramsey，1989）。还有些学者通过采用超越对数生产函数等不同形式的生产函数模型（如Lynde，1992），研究发现公共基础设施投资的产出效率明显降低了。

采用类似方法研究其他国家公共基础设施投资的经济效率，得出的结果与美国类似。例如，Bajo－Rubio和Sosvilla-Riviero（1993）和Pereira和Roca-Sagales（1999）研究西班牙，Otto和Voss（1994，1996）研究澳大利亚，Ligthart（2002）、Pereira和Andraz（2005，2010）研究葡萄牙，Kamps（2006）研究22个OECD成员国，都发现公共基础设施投资的经济效率较高。而且，Ligthart（2002）发现公路、铁路、机场等方面的基础设施投资产出弹性最高。但是，Sturm和de Haan（1995）关于荷兰、Wang（2004）关于加拿大的研究结果则显示公共基础设施投资的经济影响不显著，甚至会出现负效应。Berndt和Hansson（1992）对瑞典的研究、Demetriades和Mamuneas（2000）对12个OECD成员国的研究，都认为公共基础设施存在过度投资现象。鉴于基础设施投资对经济增长作用的不确定性，Bougheas等（2000）指出基础设施与经济增长的曲线呈“倒U”形，但目前大多数发展中国家的基础设施投资不足，仍处于“倒U”形曲线的上升部分。

国外关于基础设施投资的经济效率的实证分析以OECD成员国为主要研究对象。虽然国内研究以我国为主要研究对象，但是得到的研究结论与国外类似。娄洪（2004）、王任飞和王进杰（2007）研究发现基础设施投资促进经济增长。张学良（2007，2012）通过分析面板数据发现，我国省级交通基础设施水平对区域经济增长具有重要作用，但是产出弹性小于Aschauer（1989）的估值。刘秉镰、武鹏、刘玉海（2010）运用空间面板计量方法研究发现，交通基础设施对我国TFP有显著的正向影响，2001—2007年铁路和公路基础设施存量的增加共带动我国TFP增长了11.075%，占TFP整体增幅的59.100%。庄序莹、侯敬雯（2012）在一般均衡理论的框架下构建了CGE模型，分析发现高铁、公路投资的增加对我国经济具有显著的正向作用，符合经济效益原则，而且铁路的投资具有更大的乘数效应。

国内其他学者在考虑分时段、随机趋势影响和政府投资偏好等因素之后，发现基础设施投资对经济增长的影响方向并不固定。刘勇（2010）分析1978—2008年我国省级面板数据，研究发现：公路和水运交通固定资本存量在总体上对区域经济增长起着正向作用，但是这种影响在2001年之后变为负向。李强、郑江淮（2012）认为基础设施投资过多会对人力资本产生"挤出效应"，因此会对经济增长产生不利影响。沈春苗、董梅生、陈东（2015）把政府的基础设施投资偏向纳入三部门均衡的动态分析框架，证明了政府增加高级基础设施投资会对经济增长产生影响。当一般性基础设施投资的产出弹性处于上升通道时，政府增加对高级基础设施投资，短期内会抑制经济增长，长期内却会促进经济增长。孙早、杨光、李康（2014）通过一个无限期经济增长模型刻画了基础设施建设投资与经济增长的长期关系，而就我国1985—2012年的时间序列数据的分析结果显示：基础设施投资与经济增长的曲线长期呈"倒U"形，因此逐步放弃投资主导的增长模式，适当扩大公共投资领域，提升整个经济的竞争力应是我国今后一个时期政策调整的主要方向。

综上所述，国外学者主要探讨了发达国家交通基础设施的投资效率，较少关注发展中国家的这一问题；现有文献在研究对象、生产函数模型设定、样本选择和数据处理方法等方面存在差异，这导致它们就基础设施投资的经济效率未能得到一致结论。

10.3.3 基础设施投资影响一国经济增长的理论模型

用一个模型分析交通基础设施投资对经济增长的影响。假设生产函数为 $Y_i = f(L_i, K_i)t(T_i)$，其中 Y 是经济总产出，L 是劳动投入，K 是资本投入，T 是交通基础设施投入，i 表示第 i 个国家，$i=1$，2，…，n。该生产函数满足 $t'(T)>0$，$f_L>0$，$f_K>0$，$f_{LL}<0$，$f_{KK}<0$。如果要素可以自由流动，每种要素的价格将趋向等于其边际收益产品，那么给定一定数量的交通基础设施资本，可得$\frac{\partial Y}{\partial L}=f_L(L,K)t(T)$，$\frac{\partial Y}{\partial K}=f_K(L,K)t(T)$。当投入要素达到供求均衡时，要素价格等于它们的边际收益，即 $P_L=P_Y f_L(L,K)t(T)$，$P_K=P_Y f_K(L,K)t(T)$。

假设国家 i 增加交通基础设施资本投资，则该国的劳动与资本的价格将上升，在要素可自由流动的情况下，要素会因为价格差异而流向价格高的国家。要素转移意味着国家 i 将达到新的产出水平 $Y_i = f(L_i+\Delta L, K_i+\Delta K)t(T_i+\Delta T)$，而其他国家的产出将随着要素的流出而减少，即国家 i 的交通基础设施投资会对其他国家的经济总产出产生负溢出效应。但是，由于交通基础设施具有网络属性，能够加强区域之间的经济联系，改善区间贸易和要素流动，影响产业布局，所以其空间网络化可以促进经济活动的集聚与扩散，从而也会对经济总产出产生正溢出效应。

10.3.4 “一带一路”沿线21个国家基础设施投资效率的实证研究

1. 研究方法和数据说明

根据文献回顾，实证研究采用的模型如式（10.2）所示，变量说明如表10.6所示，本书将对相关变量采用固定效应模型进行回归。“一带一路”倡议覆盖中亚、东南亚、南亚、中东欧、西亚、北非等区域的65个国家，但是从数据可比性和可获得性的角度出发，这里的研究对象选定为阿尔巴尼亚、阿塞拜疆、保加利亚、中国、克罗地亚、捷克、爱沙尼亚、格鲁吉亚、匈牙利、印度、拉脱维亚、立陶宛、摩尔多瓦、黑山、波兰、罗马尼亚、俄罗斯、塞尔维亚、斯洛伐克、斯洛文尼亚和土耳其这21个国家，时间区间选定为1999—2013年。21个研究对象中有14个属于中东欧国家，而中东欧国家在“一带一路”倡议中发挥着连贯东西方的重要作用，因此实证研究的部分除了整体分析21个国家的交通基础设施的投资效率外，还将重点考察14个中东欧国家的情况。

$$\ln GDP_{it} = \alpha_0 + \alpha_1 \ln AIR_{it} + \alpha_2 \ln RAIL_{it} + \alpha_3 \ln ROAD_{it} + \alpha_4 \ln WATER_{it} + \alpha_5 IND_{it} + \alpha_6 POP_{it} + \varepsilon_{it} \quad (10.2)$$

其中，i 表示第 i 个国家，$i = 1, 2, \cdots, 21$；t 表示时间，$t = 1999, 2000, \cdots, 2013$，$\alpha_0$，$\alpha_1$，…，$\alpha_6$ 是回归系数，ε_{it}是误差项。

这里的交通基础设施包括公路、铁路、民航和水运基础设施。中国的交通基础设施投资额来源于历年的《中国交通年鉴》；其他20个国家的交通基础设施投资额来源于OECD，其中水运投资额是内河运输投资额与海运投资额之和。产业结构变量反映了一国产业结构的优化程度（胡鞍钢和刘生龙，2009）。人口结构变量反映了一国的劳动力充足程度（孙早等，2014）。变量的描述性统计信息见表10.6和表10.7。

表10.6 各变量说明

变量类型	变量说明	表达形式	数据来源
被解释变量	经济总量（单位：亿美元，2005年不变价）	*GDP*	世界银行
解释变量	每年的民航基础设施投资额（单位：亿美元，2005年不变价）	*AIR*	OECD，《中国交通年鉴》
	每年的铁路基础设施投资额（单位：亿美元，2005年不变价）	*RAIL*	
	每年的公路基础设施投资额（单位：亿美元，2005年不变价）	*ROAD*	
	每年的水运基础设施投资额（单位：亿美元，2005年不变价）	*WATER*	

续表

变量类型	变量说明	表达形式	数据来源
控制变量	产业结构：服务业人口占总劳动力人口的比重（%）	*IND*	世界银行
	人口结构：15～64 岁人口占年末总人口的比重（%）	*POP*	

表 10.7　各变量的描述性统计

变量	样本数	均值	标准差	最小值	最大值
GDP	203	3093.790	6615.322	20.79267	42342.20
AIR	203	5.402219	23.40659	0.000136	193.3793
RAIL	203	30.47258	138.3338	0.007663	1226.560
ROAD	203	62.84239	236.6270	0.010066	1897.860
WATER	203	7.659703	33.52536	9.83E—05	253.6020
IND	203	50.16700	11.39822	19.20000	66.70000
POP	203	68.80208	2.277046	62.54581	73.50738

2. 模型的回归结果

对“一带一路”沿线 21 个国家的交通基础设施投资的经济增长效应进行回归，我们可以得到表 10.8 中的模型 1 至模型 3。在模型 1 中，民航和公路基础设施投资的经济增长效应显著，它们的产出弹性分别为 0.015 和 0.022，铁路和水运基础设施投资的经济增长效应不显著。引入产业结构和人口结构这两个控制变量，得到的回归结果分别见模型 2 和模型 3，民航基础设施投资的经济增长效应显著，产出弹性为 0.017，铁路、公路和水运基础设施投资的经济增长效应不显著，产业结构对经济增长的影响不显著，人口结构对经济增长有正面影响，而且青壮年在总人口中的比重提高带来的经济增长效应高于民航基础设施投资的经济增长效应。在模型 1 至模型 3 中，民航基础设施投资的经济增长效应始终显著为正值，表明这些国家的空运基础设施投资有效，有助于增加经济总产出，它们应该成为“一带一路”沿线国家基础设施投资的重点领域。

对“一带一路”沿线 14 个中东欧国家的交通基础设施投资的经济增

长效应进行回归得到表10.8中的模型4至模型6。在模型4中，铁路和公路基础设施投资的经济增长效应显著，它们的产出弹性分别为-0.031和0.014，民航和水运基础设施投资的经济增长效应不显著。引入产业结构这个控制变量，得到的回归结果见模型5，铁路基础设施投资的经济增长效应显著，产出弹性为-0.022，民航、公路和水运基础设施投资的经济增长效应不显著，产业结构对经济增长的影响不显著。引入人口结构这个控制变量，得到的回归结果见模型6，铁路和公路基础设施投资的经济增长效应显著，产出弹性分别为-0.023和0.011，人口结构对经济增长有正面影响，而且青壮年在总人口中的比重提高带来的经济增长效应略高于铁路基础设施投资的经济增长效应。值得注意的是，在模型4至模型6中，铁路基础设施投资的经济增长效应始终显著为负值，表明铁路基础设施存在无效投资，因此在14个中东欧国家投资铁路基础设施应该加强项目管理，提高投资效率。

表10.8 回归结果

变量	“一带一路”沿线21个国家			“一带一路”沿线14个中东欧国家		
	模型1	模型2	模型3	模型4	模型5	模型6
ln*AIR*	0.015 *** (2.54)	0.017 ** (2.32)	0.017 *** (3.89)	0.005 (1.16)	0.006 (1.31)	0.006 (1.51)
ln*RAIL*	-0.004 (0.41)	0.002 (0.22)	-0.001 (0.08)	-0.031 *** (4.38)	-0.022 *** (2.94)	-0.023 *** (3.44)
ln*ROAD*	0.022 ** (2.14)	0.003 (0.30)	0.010 (1.23)	0.014 ** (2.16)	0.009 (1.23)	0.011 * (1.81)
ln*WATER*	0.003 (0.42)	0.003 (0.46)	-0.007 (1.41)	-0.007 (1.44)	-0.008 (1.64)	-0.005 (1.20)
IND		0.003 (0.84)			0.001 (0.42)	
POP			0.069 *** (12.5)			0.029 *** (4.89)
截距项	6.673 *** (259.9)	6.504 *** (38.4)	1.934 *** (5.09)	6.195 *** (338.1)	6.173 *** (48.2)	4.229 *** (10.5)

续表

变量	"一带一路"沿线 21 个国家			"一带一路"沿线 14 个中东欧国家		
	模型 1	模型 2	模型 3	模型 4	模型 5	模型 6
观测值	235	203	235	158	145	158
Adjusted R—squared	0. 997785	0. 997938	0. 998762	0. 997944	0. 997937	0. 998260
Log likelihood	270. 5622	251. 4169	339. 5352	279. 6053	261. 0454	293. 4269

注：*、**、*** 分别表示在 10%、5%、1% 的显著性水平下显著；括号内为 t 统计量。

水运基础设施的经济增长效应在"一带一路"沿线 21 个国家和 14 个中东欧国家层面都不显著，但是这些国家，特别是"21 世纪海上丝绸之路"沿线国家大多具有港口优势，这说明水运基础设施投资效率还有待提高。考虑控制变量之后，公路基础设施投资的经济增长效应的显著水平有所下降，甚至变得不显著，表明公路基础设施投资效率有待提高。例如，匈牙利、塞尔维亚等大多数中东欧国家现在面临铁路、公路、港口等交通基础设施更新改造问题。基础设施多具有公益性，普遍具有投融资规模大、建设周期长、投资回报率低和资金回收期长等特征，因此主要依靠政府投资。"一带一路"沿线国家大多是新兴市场国家和发展中国家，因此那里的基础设施投融资、建设施工和运营管理往往存在巨大缺口，这就需要相应的基础设施投融资平台、建设能力和运营管理能力。

10. 3. 5　研究结论与启示

本书考察了 1999—2013 年"一带一路"沿线 21 个国家的公路、铁路、民航和水运基础设施投资的经济增长效应，重点考察了 14 个中东欧国家层面的交通基础设施的投资效率。研究发现，民航基础设施投资的经济增长效应在"一带一路"沿线 21 个国家层面显著为正；铁路基础设施投资的经济增长效应在 14 个中东欧国家层面始终显著为负；水运基础设施的经济增长效应在"一带一路"沿线 21 个国家和 14 个中东欧国家层面都不显著；考虑控制变量之后，公路基础设施投资的经济增长效应的显著水平有所下降，甚至变得不显著。

“一带一路”倡议的一个重要推动力是建设互联互通的基础设施。鉴于“一带一路”沿线国家的公路、铁路、民航和水运基础设施投资的总产出效应不同，应该加强投资项目评估和项目管理，特别注意项目所在国包括政治风险在内的各类风险，保证项目建设，提高投资效率。综合考虑交通基础设施的公益性和盈利性，金砖国家新开发银行、丝路基金和亚投行应该积极发挥投融资平台的作用，主导相关投融资活动，填补“一带一路”沿线国家的交通基础设施投融资缺口，善用中国的巨额外汇储备。中国承包工程企业在交通基础设施建设和运营管理等方面积累了丰富经验，应该积极承建和运营管理“一带一路”沿线交通基础设施，并在此过程中输出装备和技术，解决中国的产能过剩问题。中东欧国家是联系亚欧的纽带，因此重视那里的交通基础设施建设，对于在“一带一路”倡议覆盖区域形成便利的交通运输网络具有重大意义，有助于推进相关贸易、投资和文化交流活动，为中国企业创造良好的海外运营环境。

11 研究结论与提高我国投资效率的政策建议

11.1 研究结论

第一，本书首先用永续盘存法，通过仔细筛选各类指标，重新估算了1952—2015年我国的资本存量，通过与以往相关文献结果的分析比较，以及通过由此计算出的我国近年来的资本产出比指标验证，本书的测算结果是较为客观合理的；并且，与西方发达国家相比，本书现阶段的资本产出比较低，可能是我国目前劳动密集型产业较多，资本相对稀缺，因此导致资本的边际效率相对较高的原因。从1978—2015年的总体趋势上看，我国的资本产出比在持续上升，这说明我国近年来资本的生产率在下降，我国正在经历着一个资本深化的过程。

第二，基于我国官方发布的投入产出表中的相关数据，本书仍利用永续盘存法，通过行业的重新细分和合并，测算了1990—2014年我国8个行业的资本存量，进而计算和比较了各行业的宏观投资效率。结果显示，近年来我国各行业的投资效率都存在着较大的波动，20世纪90年代中国各行业的投资效率都较高，但近年来有下降的趋势，且不同行业间的投资效率存在一定的差异：2000年以来，我国农业的产出基本稳定，农业的投资效率保持较为平稳的状态；2006年金融危机及欧债危机以来，国外需求减少，再加上近年来我国劳动力成本的上升，致使我国制造业的投资效率在逐年下降；目前我国服务业的发展势头不错，吸收外商投资的能力也有一定的提升，近年来的投资效率大致保持稳定趋势。

第三，在对折旧率和基期资本存量的估算方法加以改进的基础上，本书重新估算了 1978—2014 年我国各省份的资本存量。在此基础上，利用资本租金公式，根据白重恩（2006）的研究，本书测算了我国省际投资效率，结果发现 1978 年以来各省市投资效率的变动趋势基本一致，虽总体呈下降趋势，但中间有波动。尤其是在 1989 年和 1994 年，投资效率经历了两轮低谷，多个省份的资本回报率甚至为负值。由于这两年中国经济增长低迷，于是本书尝试从制度环境和政府行为的角度进行解释：1989 年资本回报率降到低谷，随后国家政策调控使资本回报率得到快速地回升；1994 年之前的分级包干的财政模式使得投资过度、产能过剩、资源配置不合理等问题不断凸显，全国各地在 1994 年的资本回报率降至 1978 年以来的最低水平，部分省份甚至出现了负值；1994 年初中央开始实行分税制财政体制，资本回报率在此政策的作用下开始回升，但随着分税制改革的深化，土地财政的出现造成各地方的资本回报率上升缓慢，有些省份甚至出现了下降趋势。

本书对我国三大经济圈——环渤海、长三角和珠三角经济圈的投资效率进行了比较分析。从三大经济圈的资本回报率的对比分析结果显示：三大经济圈的投资效率呈现出相对一致的下降趋势；受到国家宏观经济背景和财政政策的影响，三大经济圈的投资效率在 3 个特殊的年份均出现了转折点；而且珠三角经济圈由于区域内部经济发展差距的缩小，其投资效率有超过其他两大经济圈的趋势。导致这种现象的原因在于：在财政分权体制下，各地方政府在财政政策方面有了更多的自主权，扩大基础设施投资水平、改善投资环境以吸引投资成了各地方政府赢得“GDP 竞赛”的有力武器，这种扭曲的资源配置方式使得整个的资本回报率不断地下降，三大经济圈作为全国经济发展的先锋，这种下降现象更加突出。1989 年前后国内经济发展不平衡和国际复杂局势的影响，1994 年前后分税制改革的实施，2009 年全球金融危机的影响，使三大经济圈的资本回报率经历了 3 个重要的转折点，这与全国的情况也是一致的。

第四，在第五章测算出的我国各省份历年投资效率的基础上，本书利用1990—2014年我国29个各省（区、市）的面板数据，对金融发展与我国投资效率之间的关系进行检验。结果发现：总体来讲，我国金融发展对投资效率的影响并不是特别明显，这可能跟我国金融市场不完善有很大关系；反映金融发展总规模的存贷款占GDP比重对我国投资回报率的影响具有显著的促进作用，但作用在递减，而且这种促进作用呈西部、中部和东部省（区、市）逐渐递减态势；2003年以后我国的非国有金融机构发展程度和股票市场发展程度都能促进投资效率的提升，尤其对东部省份投资效率的提升作用较明显；金融市场发展风险对投资回报率有负向影响，但作用不显著。

第五，在测算出相关年份我国地区投资效率的基础上，本书运用面板数据模型，基于财政分权、政府治理的视角，实证检验了1999—2014年全国层面和沿海、非沿海地区层面的资本回报率的影响因素。根据以上研究得出以下基本结论：

从全国层面的回归结果来看，财政分权能够显著提高地区的投资效率，而衡量政府治理的财政自给率、企业的非税负担、产权保护水平和基础设施建设对投资效率的影响存在差异：财政自给率和企业的非税负担会显著拉低投资效率，而产权保护水平和基础设施建设对投资效率的影响却不显著。虽然目前的文献并没有对财政分权和政府治理投资效率之间的影响机理进行理论说明，但通过实证检验可以看出他们之间是存在一定的影响机制的。

（1）在财政分权体制之下，中央政府赋予地方更多的财政资源配置权，再加上地区之间的经济竞争，迫使地方政府在制定经济决策时更多地考虑纳税者的意愿，更好地行使经济职能以提高财政资源的经济配置效率，从而在整体上对地区投资效率产生推动作用。

（2）财政自给率既是地方政府在本地经济活动中筹措收入能力的反映，也是企业税负高低的体现。财政自给率越高，企业所承担的税收负担越重，企业利润被大量挤占，从而对投资效率起到明显的拉低作用。

（3）企业非税负担的降低会显著提升地区的投资效率。

（4）基础设施建设对地区投资效率具有拉低作用，虽然这一拉低作用在统计学意义上不显著，但也能从一定程度上反映出地方政府在进行基础设施建设时存在过度投资的问题。

此外，宏观经济增长对地区投资效率具有显著的拉低作用，这与以往的文献结论相反，说明随着经济不断地发展，地区 GDP 的增长对投资效率不再具有促进作用，单靠 GDP 的数值增长无法弥补经济的效率损失，还必须注重经济质量的提高。资本的深化程度对地区资本回报率的抑制作用依然是显著的，当人均资本数量超出最优范围，单位资本的边际回报率会不断降低，再加上产能过剩的现象存在，会造成资本密集化和回报率下降并存的结果。地区金融机构存贷比结构失衡会对资本回报率产生较大的冲击，金融机构各项贷款余额的增速明显高于各项存款余额的增速，说明金融机构将存款转化为贷款的效率高，但从中国本身的实际情况来看，金融机构存贷比的失衡更多地反映了一种盲目扩大信贷的社会现象，特别是随着房地产市场高涨而炒得火热的住房贷款更是占比巨大。忽视存款资本的配置规律，将其集中投放在某几个领域，将造成整体资本回报率偏低。此外，衡量技术进步水平的 TFP 增长率对地区资本回报率具有非常显著的促进作用，近几年来，技术进步可以说是地区资本回报率没有出现大幅度下降的关键原因，技术的进步能够提高生产效率，直接的结果就是资本边际产出提高，在一定程度上能够抵消其他抑制因素对资本回报率的拉低作用。

从分样本回归的结果来看：对于沿海地区，财政分权对资本回报率的影响不显著，政府治理水平的代理变量之一——企业的非税负担对资本回报率具有明显的抑制作用；宏观经济的景气程度能够显著地影响资本回报率，经济越景气，资本回报率越高；资本深化程度的提高会对资本回报率造成较大的冲击；沿海地区的对外开放与经济的外向型发展，对资本回报率的提升做出了重大的贡献。对于非沿海地区，由于其地理区位处于内陆地区，财政体制的变革程度、经济发展水平和开放水平的差异，使其资本回报率的影响因素有别于沿海地区。具体而言：财政分权程度、产权保护水平、基础设施水平、对外开放水平和技术进步水平都对资本回报率的提升具有显著的促进作用，财政自给率、企业的非税负担和资本深化程度会在很大程度上抑制资本回报率的提升。

第六，本书采用 AMSZ 准则考察 1965—2011 年新兴经济体（E11 国家，包括中国、巴西、阿根廷、墨西哥、韩国、印度尼西亚、印度、沙特阿拉伯、南非、土耳其和俄罗斯）的宏观投资效率，发现除了沙特阿拉伯的经济增长在个别年份处于动态无效的均衡之外，E11 的经济增长在样本期其他时间都处于动态有效的均衡。从 D_t/V_t 的数值来看，中国的宏观投资动态有效，但是与其他 10 个新兴经济体相比，中国的宏观投资效率处于比较低的水平。实证研究还表明，金砖五国的宏观投资效率的经济增长效应高于 E11 的整体水平。可见，新兴经济体的经济增长受到宏观投资效率和经济体个体差异的影响。新兴经济体的宏观投资效率与经济增长正相关，因此只有确保宏观投资效率为正，才能保证经济持续增长和处于动态有效的均衡。新兴经济体应该利用后发优势，通过技术进步、技术效率改进、提高资本配置效率来提高宏观投资效率，为经济增长提供持续的动力。从宏观投资效率的测算方法来看，提高总消费或者降低劳动者报酬都可以提高资本净收益。考虑到劳动者报酬在长期的上升趋势，增加政府消费和居民消费才是提高资本净收益的有效路径。

本书考察了 1999—2013 年“一带一路”沿线 21 个国家的公路、铁路、民航和水运基础设施投资的经济增长效应，重点研究了 14 个中东欧国家层面的交通基础设施的投资效率。研究发现，民航基础设施投资的经济增长效应在“一带一路”沿线 21 个国家层面显著为正；铁路基础设施投资的经济增长效应在 14 个中东欧国家层面显著为负；水运基础设施的经济增长效应在“一带一路”沿线 21 个国家和 14 个中东欧国家层面都不显著；考虑控制变量之后，公路基础设施投资的经济增长效应的显著水平有所下降，甚至变得不显著。鉴于“一带一路”沿线国家的公路、铁路、民航和水运基础设施投资的总产出效应不同，应该加强投资项目评估和项目管理，特别注意项目所在国包括政治风险在内的各类风险，以保证项目建设，提高他们的投资效率。

11.2 我国投资效率偏低的原因分析

1. 从投资拉动需求的角度来看，过热的投资会使投资拉动国内需求的效率降低

2008年国际金融爆发，中国经济增速快速回落，为应对国际金融危机的冲击，保持经济的平稳发展，我国政府启动了4万亿元的经济刺激计划，通过政府的干预撬动投资和国内消费需求，较好地熨平了金融危机对经济产生的意外冲击，对经济产生了积极的影响。但与此同时，我国经济也形成了过分依赖投资增长来拉动国内需求的局面，致使投资效率下降。比如，投资增长使得对机电设备类产品需求大幅度地增长，而国内一些产品的技术和质量水平与国外存在差距，无法满足需求，致使一些机电设备类产品进口大幅度地增加。同时，由于我国宏观固定资产投资主要集中于煤炭、有色金属、化工、机械、冶金、轻工和第三产业的运输、房地产等行业中，投资增加会使得对相关行业产品的需求大幅度增长，而由于这些行业的生产受资源的约束较强，国内资源难以满足需要，因此造成资源类产品进口的大幅度增长。这两大类产品进口的大幅度增长会带动进口量的高速增长，造成净出口的下降，会抵消投资增长对国内需求的拉动作用。

2. 从投资形成供给的角度来看，过度投资还会导致生产能力的过剩，降低投资效率

过度投资有很大一部分是投在国内生产能力已经大于当期和未来需求的行业中，技术水平也没有明显提升，规模也不大，属于低水平的重复建设，不仅浪费资金，也会导致投资效率下降。

3. 我国现有的投融资体制造成了目前我国投资效率的低下

改革开放以来，作为经济体制的重要组成部分，我国政府对投资体制进行了积极改革：一是投资主体的多元化，由国家投资为主转向了政府、企业和居民等多元投资为主的混合模式，储蓄—投资转化机制也由财政主导型转变为国有银行主导型；二是融资方式的变化，投资渠道已由政府财政拨款转向国有银行和企业自筹，银行资金已经取代了政府财政预算的地位，即我国的投资体制正实现着由传统的计划体制向以企业为主体、以政府调控手段为主要手段的市场体制转变，这使得我国资源配置的效率确实在一定程度上得到了提高。然而尽管如此，在市场化转型过程中，我国投资供求的市场机制仍需要进一步完善。

首先，由于历史原因，国内投资主体的行为缺乏有效的约束机制，再加上地方保护主义和部门的利益竞争，致使出现了大量的盲目投资和重复建设。

其次，我国经济中仍存在着体制性的“软预算约束”机制，这是我国投资效率低下的根源所在。

在计划经济体制下，政府和国有企业的特殊产权关系造成了我国的体制性的“软预算约束”机制，虽然目前它的实现方式从主要通过财政渠道变为通过国有银行渠道，并且国有银行的贷款约束目前也得到了一定程度的硬化，但目前国家财政、国有银行和国有企业“三位一体”的体制仍然存在。我国国有银行和国有企业之间的融资行为实际上是一种内源融资，由于国有企业和国有银行都属于国家所有，它们之间也就难以发生真正的融资行为，而且它们都不是真正的融资主体，它们之间只能是银企之间的资金供给。因此，在这种“三位一体”的体制尚未根本改变以前，银行和企业之间资金链条体制性的“软预算约束”状态难以消除。在地方政府的干预下，地方金融机构与城市集体和乡镇企业之间也存在着一定程度的“软预算约束”。只要银企之间这种体制性的“软预算约束”关系存在，企业就会表现出对资金有旺盛的需求，出现“投资饥渴”行为；在投资资金的供给方面，银行承担着国家政策导向性责任，支持国有企业发展义不容辞。因此，这种体制性的“软预算约束”机制导致了国有部门投资资金的巨量供给。一方面，国有企业即使在高负债比例下，仍不考虑负债成本，尽可能地争取资金进行大规模地投资；另一方面，国有银行也在不断地向无效率和竞争力的国有企业注入信贷资金，而置效率、预期回报、竞争力和资产负债率于不顾①。而对于非国有企业而言，虽然我国的非国有企业以投资收益率为追求目标，投资效率较高，但由于要承受银行贷款的“硬预算约束”，因此难以得到银行有力的信贷支持。其结果是：本来就稀缺的资金绝大部分流向了效率不高的部门，而效率相对较高急需资金的非国有部门却得不到足够的资金投入。

4. 我国现有土地市场的产权缺陷也是我国投资效率低下的一个重要原因

我国农地转让权的模糊不清使农地转让过程存在寻租和套利的空间。地方政府不仅能够通过出售“划拨权”获得收益，而且征地权还保证地方政府只需要支付较小的成本就能获得土地。因此，为了追求任期内的政绩，某些地方政府以扭曲的价格将土地和其他能源等重要的生产资源提供给企业，人为地压低投资的私人成本，形成地区间的激烈竞争；某些银行为了短期利润，会不计风险和成本地扩张信贷。因此，在土地转让权模糊不清和银行产权约束不力的背景之下，某些地方政府和银行共同谋取土地和银行贷款这两种重要的资源，经济上就表现为固定资产投资，尤其是基础设施建设及房地产投资和贷款余额的大量增加。总之，在我国产权约束不力和各利益主体博弈的复杂情况下，投资增长远远超过真实需求，而投资效率却日益恶化。

因此，我们必须修改模糊不清的农地转让机制，积极地推进产权改革，以提高我国投资的总体回报率，从而提高投资质量和投资效率。

---

① 中国社科院课题组．投资、周期波动和制度性紧缩效应［J］．经济研究，1999（3）：16－25.

11.3 转变经济发展方式，提高我国投资效率的政策建议

自2014年起，我国全社会固定资产投资（不包含农户）的总额占GDP的比重已经超过80%，投资作为“三驾马车”之一，一直都是中国经济快速发展的重要推动力。然而，在这样一个高投资率的情况下，如何同时保持资本的高回报率，保证经济的可持续发展，是各级政府需要重视的课题。

11.3.1 转变经济发展方式，变粗放式增长为集约型增长

毋庸置疑，在我国深化经济体制改革和进行经济发展方式转型的过程中，作为经济增长的第一动力——投资确实在我国的经济增长中起着非常重要的作用。目前，实现投资方式有粗放式投资向集约型转换也是我们实现经济发展方式转变的关键。为此，需要我们：

第一，加大对技术进步的投入。科学技术是第一生产力，科学技术的进步，不仅会使一项产品或企业的竞争力提高，还能带动一个产业的发展或形成一个新的产业。随着科学技术的快速发展和知识经济时代的到来，技术进步已经成为推动经济增长的主要力量和决定性因素。而我国技术进步对经济增长的贡献率偏低，因此要提高技术进步对经济增长的贡献率，就必须增加对技术进步的投入。重视自主研发创新，加大科学研究开发的资金投入，推进新兴产业和高新技术产业的发展，使创新驱动成为我国的主要发展模式。加快制造业转型升级以应对新一轮的科技革命和产业变革。

第二，增加人力资本投资力度，提高劳动者技能。作为要素投入中最重要的因素之一，相比于传统的资本投入，人力资本有着边际收益递增效应。人力资本的提高能够提高资本回报率高，通过优化资源配置，提高要

素的生产率。因此，在经济新常态的要求下，我们应加大人力资本投资的力度，加大教育的投资比重，完善现有教育体系，重视发展基础教育，深化教育体制改革，探索人才培养机制，为未来的经济发展提供良好的人力资本，缩短与世界顶尖人才的差距，依靠人力资本的效率驱动为经济带来增长。

第三，要加大更新改造投资的比重。在工业化的开始阶段，为建立有效健全的国民经济体系，投资的主要形式是外延式投资；随着我国工业化逐步提高，则应该加大我国内涵式投资的比重，内涵式投资的主要形式就是更新改造投资。更新改造投资能使资本深化程度提高，劳动生产率大幅上升，进而提高资本投入产出率。

11.3.2 深化投资体制改革是解决现阶段投资过度问题，提高我国投资效率的关键

投资体制对一个国家的实际投资规模、投资结构有着直接的影响。作为投资的制度框架，投资体制决定了市场资源的配置水平和经济效益。我国现有的投资体制不合理，是目前我国粗放型投资方式的根本原因所在。

目前，国内投资资源的配置有时受行政力量的主导，市场难以发挥作用。而且我国的投资体制目前还存在着责权关系不明、风险责任约束不力、项目资金管理混乱等问题，这会对我国经济增长的速度和质量产生严重的影响。深化投资体制改革，关键要做到以下几点：

第一，政府转变自身的职能，逐渐的脱离对企业和市场的直接干预，真正发挥政府经济调节、监管市场、公共服务和社会管理的职能，推动和促进国有商业银行及国有企业的产权改革，使之真正成为市场经济的主要力量。

第二，明确政府与市场主体各自的投资功能和投资领域，规范各级政府、各类企业的投资行为，积极发挥市场配置资源的主导作月，确立企业真正的投资主体地位。硬化投资预算约束，完善投资主体的投资风险约束

机制。

第三，健全投资宏观调控体系，转变政府职能，改进政府的宏观调控方式，对全社会的投资改为以间接调控为主，运用法律和经济的手段，优化投资资源的配置，引导投资方向和优化投资结构。

第四，加强对投资项目的监督管理，简化投资项目的行政审批程序，改善市场准入制度，确保资本的高效配置等。避免投资的盲目性，调整、优化投资的内部结构，从而提高投资的回报率。

11.3.3 完善我国的融资机制，发展金融市场

由于我国目前还是以间接融资为主的国家，投资规模的扩张往往伴随着银行贷款的过热增长，这不仅造成了企业的投资效率过低，而且由此带来了潜在的金融风险。因此，我们应从以下 3 个方面深化我国融资机制的改革：

一是促进资本市场的发展，扩大直接融资规模，改善融资结构，协同发展股票、债券和期货的多层次资本市场体系。通过规范股票市场和债券市场提高直接融资的比重，并通过资本市场强化要素配置，提高要素生产率。加大对创新型和中小型企业的投融资支持，强化债券市场的市场化约束机制，有效盘活存量资金，分散金融风险。

二是改善国有银行的治理结构，健全银行的风险防范机制，加强投资信贷管理，以避免投资过热和防范金融风险。

三是继续深化以建立和完善市场竞争机制及产权多样化为目标的金融体系改革，推进利率、汇率等市场化改革，发挥价格机制的有效作用，实现投资资金的合理配置。

四是拓宽资金来源，推广 PPP 模式。我们看到，东部沿海地区的基础设施需求几近饱和，而中西部地区在推动城镇化、工业化的过程中，蕴藏着巨大的潜力和需求。在对中西部地区经济进行扶持的同时，我们还应看到其经济发展的约束条件。从固定资产投资资金来源来看，基础建设投资

能否维持高速增长主要取决于PPP模式的健康发展。如果单纯依靠中央财政资金拨款，则将面临融资渠道单一，财政不堪重负，资金利用率低的局面。要想提高投资效率，就要率先打破政府主导的投资模式，充分激发市场活力。

社会资本则是我国经济中最具有活力的部分，不仅运行效率高，同时也追求低成本高收益。如果在未来的发展中，能够充分调动社会资本的积极性，让资本从落后的行业自发地流动到盈利高的行业，就能在市场的作用下，淘汰落后产能，有力地加快技术创新和产业结构转型升级的步伐。

为了拓宽资金来源渠道，引导社会资本投向公共服务和城市基础设施建设等短板领域，实现PPP模式长期可持续发展。第一，提供国家层面的优惠政策，如税收优惠、融资便利、财政补贴等。第二，需要明确盈利模式。因为项目前期投入巨大，且回收周期很长，社会资本的主要特点是在风险中追求利润，如果没有切实可行的激励机制，PPP模式恐怕难以为继。第三，取消隐形壁垒，营造开放的市场环境，为企业提供公平竞争的机会，提供完善的法制保障，坚定社会资本投资参与的决心。第四，降低市场准入门槛，简化审批程序，不仅进一步鼓励了社会资本参与，同时也是政府简政放权，将权力让渡于市场的体现。第五，提高地方政府对PPP模式的认知水平。

当然，改善和完善土地制度，强化土地管理也是控制投资过热、提高投资效率和实现投资有效供给的一个重要手段。

11.3.4 建立科学的绩效考核体系

从不少研究中表明，过去的政府绩效考核领域中的“GDP至上主义”，令地方政府存在着“投资饥渴症”和“投资冲动”等非理性的投资行为，这样的举措虽然在经济发展中起到了强大的推动作用，但同时也给中国经济带来了负面影响。目前，政府投资依然是拉动经济增长的引擎，政府的管理水平不容忽视。因此，以质量和效益为核心的科学的绩效考核体系至关重要。科学的政绩考核机制，良好的政府工作人员绩效考核制度，可以消除地方政府为绩效而加大投资规模的动机，可以改变当前某些地方政府只注重 GDP，而不注重经济发展质量的状况。应使其脱离行政体系，建立有效制约的监督机制，努力提升政府工作人员的职业行政能力，建立完善的法律监管体系。切实将地方政府职能转变到主要提供公平的市场竞争秩序、环境保护和治理，以及社会保障等公共服务上。

11.3.5 就我国各地区的投资效率提升而言，发挥区域优势、改善投资环境、调整投资结构是当务之急

1. 对于东部沿海地区和中西部非沿海地区

东部沿海地区要继续发挥其地理位置优势，充分发掘经济增长中的优势；规范政府的财政收支行为，适当减少企业的非税负担，地方政府要更好地充当公共品提供者的角色；大力发展职业教育，不断提升人力资本水平，提高资本拥有者的劳动技能，降低资本深化对资本回报的抑制作用；继续提升外向型经济发展能力，增强经济发展活力。

我们也应该看到，财政分权对中西部非沿海地区投资效率的提升产生了积极作用。因此在肯定其积极作用的同时，我们还需要进一步深化财政分权体制改革，消除体制性弊端，适当赋予地方政府更多的财政自主权；中央政府要转变原有的政绩考核依据，科学合理制定考核指标，减少由地方政府之间相互竞争所带来的效率损失；加强基础设施建设，降低企业税负，提升法制水平；地方政府必须鼓励“走出去”与“引进来”相结合的外向型经济的发展，增强对闲置资本的消化吸收能力，提高资本的配置效率；必须加强对地方金融机构信贷项目的审批力度，多元化监管措施，严厉打击过度的信用扩张行为，防患流动性风险；全面落实“科教兴国战略”，努力培养一批自主创新人才，提升科技竞争力。此外，地方政府还必须通过自我规制来提高治理能力，规范财政支出，在有效的分权范围内发展地方经济。

2. 关于我国三大经济圈的投资与经济发展

我国的区域投资战略应该因时而异、因地而异，随着经济发展阶段的不同、具体地区的特点不同而进行相应调整。我国经济正处于新旧发展动能转换的关键期，要保持持久稳定的经济增长，就不能全国一概而论之，而应看到我国区域间经济发展水平不同，从而发挥出地区间的比较优势。

环渤海经济圈必须重视区域内部各地区之间的经济协调发展，削弱地方保护主义意识，加强各种要素在区域内部之间的自由流动，并且相应减少行政干预，更多地利用市场手段进行资源的配置。

长三角经济圈在全国的综合实力最强，而且是全球先进制造业基地，经济的发展已经走向成熟阶段，资本的边际报酬率过了上升的阶段必然会走向下降，因此调整区域内部的经济发展结构，增强区域经济发展活力，提高对资本的有效利用率，能够缓解资本回报率的下降趋势，从而为区域经济新一轮的快速增长提供动力。

对于珠三角经济圈，缩小区域内部经济发展差异是提高其资本回报率的最有效的方法。通过深化区域内部的经济合作，加快城市化的发展进程，减轻区域内部之间要素流动的障碍，为资源的合理配置提供良好的内部环境。

此外，三大经济圈在注重各自资本回报率的提高的同时，还应该加强区域之间的经济合作与交流，提高整体的资本回报率，进而带动全国资本回报率的提高。

坚持科学发展观，转变经济增长方式，提高经济增长质量，是我国目前经济发展规划的重点目标。因此，这就需要我们继续深化投融资体制改革，调整投资结构，促进生产力合理布局和地区经济协调发展，优化产业结构和经济结构，实现国民经济持续、稳定、健康的发展。

参考文献

[1] ABEL A, MANKIW N, SUMMERS L, et al. Assessing dynamic efficiency: theory and evidence [J]. The review of economic studies, 1989, 56: 1 -20.

[2] KOOKSHIN A. Are East Asian economics dynamically efficient? [J]. Journal of economic development, 2003, 28 (1): 101 -110.

[3] BAI C E, HSIEH C, QIAN Y. The return to capital in China [J]. Brookings papers on economic activity, 2006 (2): 61 -88.

[4] BAUMOL W , HEIM J, QUANDT R. Earnings retention, new capital and the growth of the firm [J]. Review of economics and statistics, 1970, 52 (4): 345 -355.

[5] BECKT, DEMIRGUE - KUNT A, ROSS L. A new database on the structure and development of the financial sector [J]. WB economic review, 2000 (14): 597 -605.

[6] CHONG - EN B, CHANG - TAI H, QIAN Y Y. The return to capital in China [J]. Brookings papers on economic activity, 2006, 2: 61 -88

[7] DEMETRIADES P O, MAMUNEAS T P. Intertemporal output and employment effects of public infrastructure capital: evidence from 12 OECD economics [J]. Economic journal, 2000, 110 (465): 687 -712.

[8] DIAMOND P. National debt in a Neoclassical Growth Model [J]. American economic review, 1965, 55: 1126 -1150.

[9] FAMA E F, FRENCH K. The corporate cost of capital and the return on

corporate investment [J]. Journal of finance, 1999 (54): 1939 – 1967.

[10] FRAUMENI, B M, JORGENSON D W. Rates of return by industrial sector in the United states 1948 – 1976 [J]. American economic review, 1980, 70 (2): 326 – 330.

[11] FRIEND I, HUSIC F. Efficiency of corporate investment [J]. Review of economics and statistics, 1973, 55 (1): 122 – 127.

[12] CHOW G C. Capital formation and economic – growth in China [J]. Quarterly journal of economics, 1993 (1): 809 – 842.

[13] GORDON R J. Has the new economy rendered the productivity slowdown obsolete? [J]. Manuscript Northwestern University, 1999, 12 (6): 7 – 13.

[14] HOLTZ – EAKIN D. Private output, government capital, and the infrastructure crisis [R]. [S. l.: s. n.], 1998: 394.

[15] LIGTHART J. Public capital and output growth in Portugal: an empirical analysis [J]. European review of economics and finance, 2002, 1 (2): 3 – 30.

[16] JIN H, QIAN Y, WEIGNAST B. Regional decentralization and fiscal incentives: Federalism, Chinese Style [J]. Journal of public economics, 2005 (89): 1719 – 1742

[17] JORGENSON D W. Information technology and the U. S. economy [J]. American economic review, 2001 (91): 1 – 32.

[18] LEVINE R. Financial development and economic growth: views and agenda ross [J]. Journal of economic literature, 1997, 35 (2): 688 – 726.

[19] MUNNELL A H. Policy Watch: Infrastructure Investment and Economic Growth [J]. The journal of economic perspectives, 1992, 6 (4): 189 – 198.

[20] PEREIRA A, ROCA—SAGALES O. Public capital formation and regional development in Spain [J]. Review of development economics, 1999, 3

(3): 281 -294.

[21] PEREIRA A M, ANDRAZ J M. On the economic and fiscal effects of investments in road infrastructures in Portugal [J]. International economic journal, 2010, 25 (3): 465 -492.

[22] WANG B. Effects of government expenditure on private investment: Canadian empirical evidence [J]. Empirical economics, 2004 (30): 493 - 504.

[23] WURGLER J. Financial markets and the allocation of capital [J]. Journal of financial economics, 2000, 58 (1/2): 187 -214.

[24] ZHANG T, ZOU H. Fiscal decentralization, public spending, and economic growth in China [J]. Journal of public economics, 1998 (67): 221 -240

[25]《深化税制改革中的税负问题研究》课题组. 税收负担与深化税制改革研究 [J]. 税务研究, 2001 (11): 29 -41.

[26] CCER“中国经济观察”研究组, 卢锋. 我国资本回报率估测 (1978—2006): 新一轮投资增长和经济景气微观基础 [J]. 经济学, 2007 (3): 723 -758.

[27] 白重恩, 张琼. 中国的资本回报率及其影响因素分析 [J]. 世界经济, 2014 (10): 3 -30.

[28] 白仲林, 张强, 刘泽行. 城镇化进程中我国宏观经济动态效率的分析: 对 AMSZ 准则的一种扩展 [J]. 现代财经, 2014 (7): 3 -10.

[29] 蔡真. 中国的资本回报率、实际利率与投资: 基于行业数据的分析 [J]. 金融评论, 2013 (6): 39 -58.

[30] 陈立泰, 叶长华, 林川. 农业资本利润率变动趋势及其成因的实证研究 [J]. 产业经济研究, 2010 (2): 9 -17.

[31] 陈培钦. 中国资本回报率的地区差异及其收敛性 [J]. 湖北社会科学, 2013 (8): 75 -78.

[32] 陈启清, 贵斌威. 金融发展与全要素生产率: 水平效应与增长效应

[J]. 经济理论与经济管理，2013 (7)，58 -69.

[33] 陈正其．中国工业分行业资本存量估计 [J]. 经济研究导刊，2013 (34)：3 -5.

[34] 陈仲常，吴永球．中国工业部门资本利润率变动趋势及原因分析 [J]. 经济研究，2005 (5)：96 -106.

[35] 单豪杰．中国资本存量 K 的再估算：1952 ~2006 年 [J]. 数量经济技术经济研究，2008 (10)：17 -31.

[36] 单豪杰，师博．中国工业部门的资本回报率：1978—2005 [J]. 产业经济研究，2008 (6)：1 -9.

[37] 丁莹．分税制改革及其对中国的影响 [J]. 经济研究导刊，2014 (25)：100 -101.

[38] 樊潇彦，袁志刚．我国宏观投资效率的定义与衡量：一个文献综述 [J]. 南开经济研究，2006 (1)：44 -59.

[39] 范子英，张军．财政分权与中国经济增长的效率：基于非期望产出模型的分析 [J]. 管理世界，2009 (7)：15 -25.

[40] 傅勇．中国的分权为何而不同：一个考虑政治激励与财政激励的分析框架 [J]. 世界经济，2008 (11)：16 -25.

[41] 龚锋，雷欣．中国式财政分权的数量测度 [J]. 统计研究，2010 (10)：47 -55.

[42] 龚六堂，谢丹阳．我国省份之间的要素流动和边际生产率的差异分析 [J]. 经济研究，2004 (1)：45 -53.

[43] 郭熙保，罗知．中国省际资本边际报酬估算 [J]. 统计研究，2010 (6)：71 -77.

[44] 李青原，江春，等．外商直接投资、金融发展与地区资本配置效率：来自省级工业行业数据的证据 [J]. 金融研究，2010 (3)：80 -97.

[45] 韩立岩，蔡红艳 [J]. 管理世界，2002 (2)：65 -70.

[46] 贺力平，金融发展与中国投资增长：1981—2002 年数据测算及初步分析 [J]. 财贸经济，2004 (11)：3 -11.

[47] 贺菊煌. 我国资产的估算 [J]. 数量经济技术经济研究, 1992 (8): 24 - 27.

[48] 贺俊. 财政分权、经济增长与城乡收入差距: 基于省际面板数据的分析 [J]. 当代财经, 2013 (5): 27 - 38.

[49] 胡凯, 吴清. 制度环境与地区资本回报率 [J]. 经济科学, 2012 (4): 66 - 79.

[50] 胡凯. 中国省际资本回报率的地区差距 [J]. 湖北经济学院学报, 2012 (3): 80 - 86.

[51] 黄先海, 杨君. 中国工业资本回报率的地区差异及其影响因素分析 [J]. 社会科学战线, 2012 (3): 40 - 47.

[52] 黄勇峰, 任若恩, 刘晓生. 中国制造业资本存量永续盘存法估计 [J]. 经济学, 2002 (1): 377 - 396.

[53] 黄宗远, 宫汝凯. 中国物质资本存量估算方法的比较与重估 [J]. 学术论坛, 2008 (9): 97 - 104.

[54] 姬超. 投资效率与全要素生产率的变化趋势考察: 基于中国经济特区的差异比较分析 [J]. 财贸经济, 2014 (3): 91 - 99.

[55] 贾润崧, 张四灿. 中国省际资本存量与资本回报率 [J]. 统计研究, 2014 (11): 35 - 42.

[56] 金雪军, 王永剑. 我国资本配置效率影响因素的实证分析 [J]. 上海金融, 2011 (8): 23 - 27.

[57] 雷辉. 我国资本存量测算及投资效率的研究 [J]. 经济学家, 2009 (6): 75 - 83.

[58] 雷辉, 张娟. 我国资本存量的重估与比较分析: 1952—2012 [J]. 经济问题探索, 2014 (7): 16 - 21.

[59] 雷辉, 潘欣. 中国分行业资本存量的测算及行业间投资效率的比较分析: 1990—2014 [J]. 上海对外经贸大学学报, 2016 (6): 40 - 52, 63.

[60] 雷辉. 关于我国固定资产投资结构变化的分析 [J]. 投资研究, 2009

(8)：61－64.

[61] 李凯. 改革背景下的中国宏观投资效率分析 [J]. 时代金融，2011 (17)：11－13.

[62] 李强，郑江淮. 基础设施投资真的能促进经济增长吗？——基于基础设施投资"挤出效应"的实证分析 [J]. 产业经济研究，2012 (3)：50－58.

[63] 李文秀，李勇坚，罗春燕. 中国区域间服务业发展趋司还是集聚：基于省级分行业投资效率面板数据的研究 [J]. 宏观经济研究，2012 (8)：69－74.

[64] 李治国，唐国兴. 资本形成路径与资本存量调整模型：基于中国转型时期的分析 [J]. 经济研究，2003 (2)：34－42.

[65] 刘秉镰，武鹏，刘玉海. 交通基础设施与中国全要素生产率增长：基于省域数据的空间面板计量分析 [J]. 中国工业经济，2010 (3)：54－64.

[66] 刘仁和，米运生. 中国银行业市场化改革的效率效应：基于宏观投资效率的实证分析 [J]. 金融论坛，2009 (3)：13－18.

[67] 刘勇. 交通基础设施投资、区域经济增长及空间溢出作用：基于公路、水运交通的面板数据分析 [J]. 中国工业经济，2010 (12)：37－46.

[68] 卢盛荣，易明子. 中国省际资本边际报酬再估算及无谓损失评估 [J]. 数量经济技术经济研究，2012 (4)：123－135.

[69] 鲁保林，孙益全. 中国实体经济资本存量与投资效率：1981～2009 [J]. 经济论坛，2012 (3)：57－61.

[70] 骆永民. 基础设施投资效率的空间溢出与门限效应研究 [J]. 统计与信息论坛，2011 (3)：81－86.

[71] 潘文卿，张伟. 中国资本配置效率与金融发展相关性研究 [J]. 管理世界，2003 (8)：16－23.

[72] 庞明川. 中国的投资效率与过度投资问题研究 [J]. 财经问题研究，

2007 (7): 46 – 52.
[73] 庞凤喜，潘孝珍. 财政分权与地方政府社会保障支出：基于省级面板数据的分析 [J]. 财贸经济，2012 (2): 29 – 35.
[74] 钦晓双，孙成浩. 中国工业行业资本存量测算 [J]. 产业经济评论，2014 (2): 54 – 72.
[75] 沈春苗，董梅生，陈东. 政府基础设施投资偏向与经济增长 [J]. 上海经济研究，2015 (3) 15 – 24.
[76] 沈坤荣，田源. 人力资本与外商直接投资的区位选择 [J]. 管理世界，2002 (11): 26 – 31.
[77] 沈坤荣，孙文杰. 投资效率、资本形成与宏观经济波动：基于金融发展视角的实证研究 [J]. 中国社会科学，2004 (6): 52 – 63.
[78] 史永东，齐鹰飞. 中国经济的动态效率 [J]. 世界经济，2002 (8): 65 – 70.
[79] 孙早，杨光，李康. 基础设施投资对经济增长的贡献：存在拐点吗——来自中国的经验证据 [J]. 财经科学，2014 (6): 75 – 84.
[80] 宋海岩，刘淄楠，蒋萍，等. 改革时期中国总投资决定因素的分析 [J]. 世界经济文汇，2003 (1): 44 – 56.
[81] 王定祥，刘杰，李伶俐. 财政分权、银行信贷与全要素生产率 [J]. 财经研究，2011 (4): 69 – 79.
[82] 王甘，赵妍. 地方政府投资效率的阶段性和地域性特征：基于中国省市面板数据的分析 [J]. 科技和产业，2012 (8): 96 – 101.
[83] 王宏杰. 基于投资效率的湖北固定资产投资结构分析 [J]. 经济研究导刊 2011 (8): 103 – 106.
[84] 王立国，张洪伟. 财政分权、转移支付与地方政府经济性投资效率 [J]. 当代财经，2013 (6): 27 – 33.
[85] 王任飞，王进杰. 基础设施与中国经济增长：基于 VAR 方法的研究 [J]. 世界经济，2007 (3): 13 – 21.
[86] 王小鲁，樊纲. 中国经济增长的可持续性：跨世纪的回顾与展望

[M]. 北京：经济科学出版社，2000.

[87] 王永剑，刘春杰. 金融发展对中国资本配置效率的影响及区域比较[J]. 财贸经济，2011（3）：54－60.

[88] 王雍君. 地方政府财政自给能力的比较分析[J]. 中央财经大学学报，2000（5）：21－25.

[89] 伍文中. 基础设施投资效率及其经济效应分析：基于DEA分析[J]. 经济问题，2011（1）：41－45.

[90] 谢群，潘玉君. 中国内地各省区1952—2009年实物资本存量估算[J]. 当代经济，2011（1）：122－128.

[91] 许文彬，张丰. 金融发展、行业特征、地区差异与全要素生产率：基于1999～2011年中国省际行业数据的分析[J]. 经济管理，2014（2）：33－46.

[92] 徐永胜，乔宝云. 财政分权度的衡量：理论及中国1985—2007年的经验分析[J]. 经济研究，2012（10）：4－13.

[93] 薛刚，潘孝珍. 财政分权对中国环境污染影响程度的实证分析[J]. 中国人口资源与环境，2012（1）：77－83.

[94] 叶宗裕. 中国省际资本存量估算[J]. 统计研究，2010（12）：65－71.

[95] 于谨凯，孙毅. 中国地区投资效率差异的收敛性分析[J]. 西安财经学院学报，2011（5）：49－54.

[96] 于良春，张伟. 中国行业性行政垄断的强度与效率损失研究[J]. 经济研究，2010（3）：16－27.

[97] 俞天贵. 中国东西部地区投资效率比较研究[J]. 开发研究，2011（3）：26－29.

[98] 曾五一，赵楠. 中国区域资本配置效率及区域资本形成影响因素的实证分析[J]. 数量经济技术经济研究，2007（4）：35－42.

[99] 张芬. 财政分权与中国经济增长的关系[J]. 财税纵横，2015（7）：56－59.

[100] 张健华，王鹏．中国全要素生产率：基于分省份资本折旧率的再估计［J］．管理世界，2012（10）：18－30，187．

[101] 张军，吴桂英，张吉鹏．中国省际物质资本存量估算：1952—2000［J］．经济研究，2004（10）：35－44．

[102] 张军，章元．对中国资本存量K的再估计［J］．经济研究，2003（7）：35－43，90．

[103] 张军．增长、资本形成与技术选择：解释中国经济增长下降的长期因素［J］．经济学（季刊），2002（1）：301－338．

[104] 张军扩．“七五”期间经济效益的综合分析：各要素对经济增长贡献率测算［J］．经济研究，1991（4）：8－17．

[105] 张娟，雷辉，王云飞，等．“一带一路”沿线国家的交通基础设施投资效率的比较［J］．统计与决策，2016（19）：61－63．

[106] 张学良．中国交通基础设施促进了区域经济增长吗：兼论交通基础设施的空间溢出效应［J］．中国社会科学，2012（3）：60－77．

[107] 张晏，龚六堂．分税制改革、财政分权与中国经济增长［J］．经济学，2005（4）：75－108．

[108] 张延．中国资本积累的动态效率：理论与实证［J］．管理世界．2010（3）：168－169．

[109] 张瑜．东西部资本形成、投资效率的区域差异研究［D］．兰州：兰州大学，2011．

[110] 赵勇，雷达．金融发展与经济增长：生产率促进抑或资本形成［J］．世界经济，2010（2）：37－50．

[111] 郑京海，胡鞍钢，Arne，等．中国的经济增长能否持续？——一个生产率视角［J］．经济学，2008（3）：777－808．

[112] 庄序莹，侯敬雯．高速铁路、公路建设的财政投资效益研究：基于可计算一般均衡（CGE）模型的分析［J］．财贸经济，2012（6）：43－49．

附录 A

表 A1　1978—2015 年我国的资本形成率情况

单位：亿元,%

年份	GDP（生产法）	全社会固定资产投资额	GDP（支出法）	其中：资本形成总额	资本形成率
1978	—	—	3605. 6	1377. 9	38. 2
1979	—	—	4074. 0	1474. 2	36. 2
1980	4517. 8	910. 9	4551. 3	1590. 0	34. 9
1981	4862. 4	961. 0	4901. 4	1581. 0	32. 3
1982	5294. 7	1230. 4	5489. 2	1760. 2	32. 1
1983	5934. 5	1430. 1	6076. 3	2005. 0	33. 0
1984	7171. 0	1832. 9	7164. 4	2468. 6	34. 5
1985	8964. 4	2543. 2	8792. 1	3386. 0	38. 5
1986	10202. 2	3120. 6	10132. 8	3846. 0	38. 0
1987	11962. 5	3791. 7	11784. 7	4322. 0	36. 7
1988	14928. 3	4753. 8	14704. 0	5495. 0	37. 4
1989	16909. 2	4410. 4	16466. 0	6095. 0	37. 0
1990	18923. 3	4517. 0	19374. 8	6444. 0	33. 3
1991	22050. 3	5594. 5	22577. 4	7893. 0	35. 0
1992	27208. 2	8080. 1	27565. 2	10834	39. 3
1993	35599. 2	13072. 3	36938. 1	15783	42. 7
1994	48548. 2	17042. 1	50217. 4	19916	39. 7
1995	60356. 6	20019. 3	63216. 9	24343	38. 5
1996	70779. 6	22913. 5	74163. 6	27577	37. 2
1997	78802. 9	24941. 1	81658. 5	28966	35. 5

续表

年份	GDP（生产法）	全社会固定资产投资额	GDP（支出法）	其中：资本形成总额	资本形成率
1998	83817.6	28406.2	86531.6	30397	35.1
1999	89366.5	29854.7	90964.1	31666	34.8
2000	99066.1	32917.7	100577	34526	34.3
2001	109276.2	37213.5	111250	40379	36.3
2002	120480.4	43499.9	122295	45130	36.9
2003	136576.3	55566.6	138315	55837	40.4
2004	161415.4	70477.4	162742	69421	44.7
2005	185998.9	88773.0	18190	77534	41.0
2006	219028.5	109998.2	221207	89823	40.6
2007	270844.0	137323.9	271699	112047	41.2
2008	321500.5	172828	319936	138243	43.2
2009	348498.5	224599	349883	162118	46.3
2010	411265.2	251684	410708	196653	47.9
2011	484753.2	311485	486038	233327	48.0
2012	539116.5	374695	540989	255240	47.2
2013	59042.4	446294	596963	282073	47.3
2014	644791.1	512021	647182	302717	46.8
2015	682635.1	561999.8	696594	313070	44.9

表 A2　各行业的投资效率 1

单位：%

年份	农、林、牧、渔业		采矿业		电力、燃气及水的生产和供应业	
	K/Y	ΔK/ΔY	K/Y	ΔK/ΔY	K/Y	ΔK/ΔY
1990	0.124	0.416	1.587	1.796	3.519	
1991	0.139	0.545	1.638	17.659	4.023	6.065
1992	0.175	0.256	2.686	1.683	7.324	17.295
1993	0.188	0.064	2.295	1.282	6.188	4.606
1994	0.154	0.203	2.020	4.719	7.173	15.231
1995	0.164	0.263	2.344	0.906	9.087	15.840
1996	0.178	5.789	1.988	9.068	7.256	3.105

续表

年份	农、林、牧、渔业		采矿业		电力、燃气及水的生产和供应业	
	K/Y	ΔK/ΔY	K/Y	ΔK/ΔY	K/Y	ΔK/ΔY
1997	0. 343	1. 090	1. 840	0. 602	6. 388	19. 863
1998	0. 362	-14. 521	1. 651	0. 363	5. 971	4. 193
1999	0. 410	41. 258	1. 585	0. 727	6. 437	15. 032
2000	0. 888	1. 602	1. 541	0. 801	6. 957	8. 301
2001	0. 925	-5. 001	1. 443	-0. 504	8. 680	-5. 202
2002	0. 655	1. 020	1. 255	1. 549	5. 961	-0. 437
2003	0. 672	0. 346	1. 291	2. 526	7. 426	-5. 288
2004	0. 611	5. 597	1. 426	4. 224	5. 746	2. 551
2005	0. 835	1. 462	2. 155	2. 031	4. 005	-6. 560
2006	0. 877	6. 951	2. 137	13. 263	4. 128	4. 818
2007	1. 850	1. 719	3. 276	1. 526	8. 153	28. 387
2008	1. 831	2. 835	2. 726	-1. 864	11. 268	-8. 452
2009	1. 874	7. 376	3. 523	5. 503	11. 637	21. 479
2010	2. 595	1. 968	3. 921	2. 340	8. 970	-12. 059
2011	2. 503	2. 077	3. 556	-80. 878	9. 414	12. 956
2012	2. 463	2. 502	4. 004	-89. 659	9. 992	20. 003
2013	2. 466	—	4. 466	—	8. 343	3. 565

表A3 各行业的投资效率2

单位:%

年份	建筑业		制造业		交通运输、仓储和邮政业	
	K/Y	ΔK/ΔY	K/Y	ΔK/ΔY	K/Y	ΔK/ΔY
1990	0. 372	—	1. 287	—	1. 890	—
1991	0. 313	-0. 017	1. 464	3. 852	1. 902	1. 959
1992	0. 433	0. 737	1. 351	1. 032	2. 403	5. 050
1993	0. 388	0. 314	1. 472	1. 879	2. 846	4. 391
1994	0. 362	0. 279	1. 336	0. 971	3. 063	3. 830
1995	0. 377	0. 435	1. 215	0. 903	5. 722	21. 965
1996	0. 362	0. 275	1. 277	1. 960	5. 838	6. 539

续表

年份	建筑业		制造业		交通运输、仓储和邮政业	
	K/Y	ΔK/ΔY	K/Y	ΔK/ΔY	K/Y	ΔK/ΔY
1997	0.485	2.789	1.271	1.240	7.085	19.950
1998	0.457	0.098	1.379	-1.289	7.110	7.319
1999	0.469	0.792	1.333	0.484	7.108	7.083
2000	0.636	3.112	1.667	3.674	5.879	-0.572
2001	0.587	-0.076	1.630	0.745	5.999	7.045
2002	0.848	3.749	1.426	-1.595	8.772	39.368
2003	0.588	-1.057	1.342	0.880	9.027	13.574
2004	0.430	-0.552	1.390	1.714	8.698	6.824
2005	0.170	-1.182	2.180	7.064	13.623	47.272
2006	0.164	0.132	2.169	2.108	12.713	6.314
2007	0.172	0.207	4.357	13.945	12.135	9.225
2008	0.174	0.182	4.397	4.629	12.560	16.080
2009	0.171	0.156	4.428	4.853	13.356	98.192
2010	0.194	0.308	5.275	9.892	11.792	0.363
2011	0.222	0.356	5.426	6.394	11.909	12.628
2012	0.244	0.430	5.764	10.512	12.190	15.386
2013	0.246	0.259	5.906	7.201	12.371	14.256

表 A4 各省代表性年份折旧率

单位:%

年份	北京	天津	河北	山西	内蒙古	辽宁	吉林	黑龙江	上海	江苏
1978	4.00	4.00	5.00	5.00	5.00	4.80	5.00	3.50	5.00	5.00
1984	5.60	5.70	6.60	6.60	8.40	9.80	9.00	9.00	7.40	9.20
1989	5.60	5.70	6.60	6.60	8.40	9.80	9.00	9.00	7.40	9.20
1994	6.40	6.10	5.10	5.10	5.50	6.50	6.40	6.80	7.60	6.70
2000	6.40	6.10	5.10	5.10	5.50	6.50	6.40	6.80	7.60	6.70
2006	9.62	9.51	9.80	9.66	8.99	9.60	9.62	9.46	9.88	9.76
2012	9.97	9.03	9.37	9.04	9.15	9.40	9.99	9.06	9.41	9.98
2014	9.77	9.09	9.10	8.69	9.28	8.82	9.72	8.47	9.18	9.75

续表

年份	浙江	安徽	福建	江西	山东	河南	湖北	湖南	广东	广西
1978	5.00	3.80	5.00	3.90	4.80	5.00	5.00	5.00	5.00	4.80
1984	7.90	7.30	7.80	3.90	6.80	6.60	7.90	6.80	9.20	4.80
1989	7.90	7.30	7.80	3.90	6.80	6.60	7.90	6.80	9.20	4.80
1994	6.40	6.40	5.70	6.00	6.80	5.10	6.80	5.90	10.80	6.00
2000	6.40	6.40	5.70	6.00	6.80	5.10	6.80	5.90	10.80	6.00
2006	9.51	9.25	9.85	9.36	9.79	9.45	9.60	9.24	9.45	9.63
2012	9.60	9.06	9.11	9.35	9.59	9.78	9.14	9.14	9.13	9.55
2014	9.27	8.77	8.76	8.63	9.22	9.32	8.59	8.62	8.91	8.91
年份	海南	四川	贵州	云南	陕西	甘肃	青海	宁夏	新疆	
1978	3.20	4.00	3.60	3.30	5.00	2.90	2.80	3.60	3.40	
1984	3.20	8.70	3.60	3.30	5.10	2.90	2.80	3.60	3.40	
1989	3.20	8.70	3.60	3.30	5.10	2.90	2.80	3.60	3.40	
1994	4.35	5.80	5.70	6.00	4.80	6.70	4.20	4.50	3.60	
2000	4.35	5.80	5.70	6.00	4.80	6.70	4.20	4.50	3.60	
2006	9.80	9.50	9.72	9.07	9.07	8.97	8.44	9.43	9.00	
2012	8.63	8.58	8.60	8.65	8.48	8.86	8.48	9.07	9.04	
2014	8.35	8.19	7.79	8.03	8.31	8.14	8.25	8.73	8.21	

表 A5　各省份代表性年份的资本存量（1978 年价格）

单位：亿元

年份	北京	天津	河北	山西	内蒙古	辽宁	吉林	黑龙江
1978	117.00	79.84	230.21	130.58	63.98	142.65	75.42	127.56
1984	229.27	215.27	446.10	257.55	154.46	334.59	161.72	320.18
1989	394.24	403.34	768.83	478.27	291.51	728.85	310.45	557.41
1994	534.38	633.90	1304.14	712.24	560.68	1278.26	510.41	781.84
2000	1004.44	1225.95	3172.64	1410.00	1136.23	2134.17	941.88	1468.69
2006	1949.11	2290.73	6244.65	2358.77	3768.26	4310.47	2135.95	2546.60
2012	3245.07	6714.06	14567.95	4721.06	13567.37	11662.95	7333.88	6074.58
2014	3902.73	9238.67	18449.86	6407.13	18179.79	14950.80	9359.22	8004.57

续表

年份	上海	江苏	浙江	安徽	福建	江西	山东	河南
1978	147. 75	162. 31	93. 17	67. 95	51. 50	147. 24	265. 94	166. 35
1984	391. 72	471. 36	246. 59	184. 48	139. 12	309. 89	632. 14	427. 00
1989	761. 99	1063. 89	618. 42	421. 15	256. 87	527. 52	1271. 84	820. 35
1994	1247. 36	2056. 67	1341. 64	693. 79	458. 59	851. 96	2103. 33	1340. 51
2000	2446. 57	4252. 54	3777. 45	1426. 09	1257. 45	1612. 75	4180. 42	3020. 02
2006	4113. 30	9530. 23	9392. 73	2728. 17	2554. 25	3710. 33	9395. 87	6410. 80
2012	6825. 28	21963. 68	18371. 58	6511. 86	6404. 10	8341. 98	21465. 38	18877. 49
2014	7687. 39	26634. 51	22197. 72	8555. 92	8486. 99	10401. 90	27079. 36	25245. 42
年份	湖北	湖南	广东	广西	海南	四川	贵州	云南
1978	134. 22	115. 61	153. 21	75. 32	—	368. 70	87. 23	94. 19
1984	274. 49	244. 62	416. 67	148. 61	—	602. 48	178. 81	207. 02
1989	507. 03	424. 65	827. 84	238. 26	—	887. 35	297. 30	320. 82
1994	844. 64	724. 81	1936. 46	271. 49	357. 87	1364. 46	394. 72	550. 05
2000	2176. 72	1525. 92	4509. 65	544. 81	491. 34	2535. 28	658. 93	963. 83
2006	4150. 29	3047. 09	10109. 22	962. 53	631. 02	4670. 28	1278. 08	1722. 86
2012	10000. 34	8017. 35	23842. 43	2624. 81	1297. 88	10623. 60	2843. 14	4233. 84
2014	13375. 30	10694. 97	30769. 55	4810. 69	1787. 66	13542. 06	4096. 30	5984. 39
年份	陕西	甘肃	青海	宁夏	新疆			
1978	98. 21	162. 14	45. 30	38. 71	59. 11			
1984	230. 55	247. 39	85. 90	71. 99	162. 42			
1989	509. 64	410. 43	135. 65	123. 76	300. 77			
1994	740. 63	511. 90	191. 26	169. 01	602. 11			
2000	1256. 11	691. 37	360. 49	257. 84	1173. 98			
2006	2516. 99	1260. 99	747. 78	509. 83	2085. 08			
2012	6476. 18	2899. 03	1785. 00	1300. 88	3866. 71			
2014	8556. 92	3874. 36	2698. 46	1809. 41	5503. 55			

表 A6　1978—2014 年三大经济圈的资本回报率

单位：%

年份	环渤海经济圈	长三角经济圈	珠三角经济圈
1978	71. 71	85. 84	30. 97
1979	50. 52	80. 65	27. 63
1980	47. 21	71. 28	20. 12
1981	41. 58	60. 86	26. 63
1982	34. 09	53. 38	23. 95
1983	44. 30	47. 82	20. 26
1984	40. 37	47. 10	24. 47
1985	28. 95	39. 67	18. 09
1986	31. 04	32. 03	23. 32
1987	26. 00	34. 52	24. 22
1988	21. 93	20. 57	20. 56
1989	12. 02	9. 89	10. 09
1990	30. 35	20. 96	30. 44
1991	24. 62	24. 64	26. 71
1992	34. 16	30. 11	30. 67
1993	30. 16	44. 78	26. 98
1994	8. 97	13. 73	5. 54
1995	9. 04	13. 03	10. 58
1996	14. 05	16. 52	15. 98
1997	16. 89	18. 14	19. 99
1998	17. 76	18. 44	18. 17
1999	17. 84	18. 01	17. 04
2000	18. 43	18. 34	18. 47
2001	16. 61	18. 84	19. 21
2002	18. 84	20. 24	18. 63
2003	19. 37	21. 65	20. 02
2004	21. 13	21. 89	21. 00
2005	17. 69	17. 50	19. 40
2006	17. 25	18. 05	20. 34
2007	15. 93	19. 88	19. 92

续表

年份	环渤海经济圈	长三角经济圈	珠三角经济圈
2008	17.25	21.33	21.18
2009	11.06	14.11	16.50
2010	14.55	17.99	17.55
2011	14.93	17.60	17.40
2012	11.04	11.03	13.45
2013	8.60	11.24	11.98
2014	8.50	11.40	11.32

附录 B

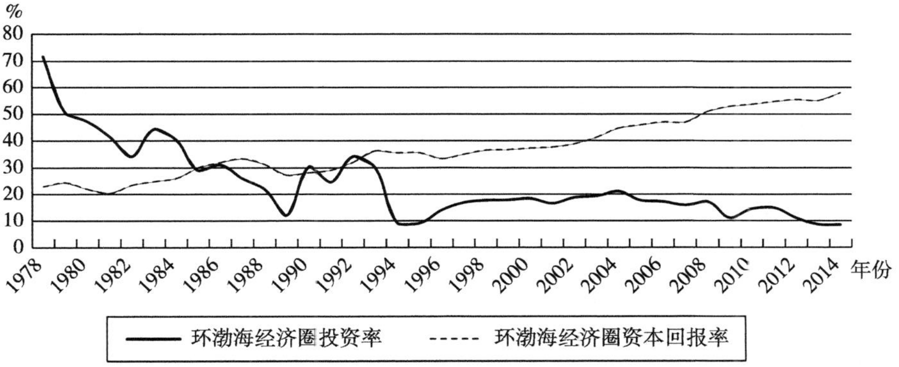

图 B1　1978—2014 年环渤海经济圈投资率和资本回报率

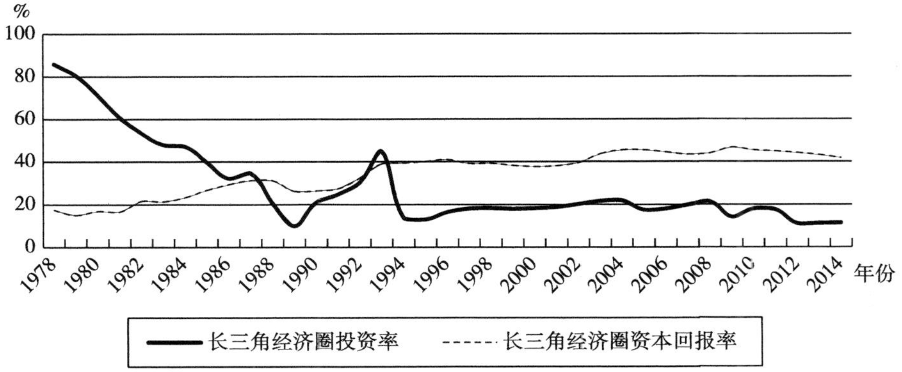

图 B2　1978—2014 年长三角经济圈投资率和资本回报率

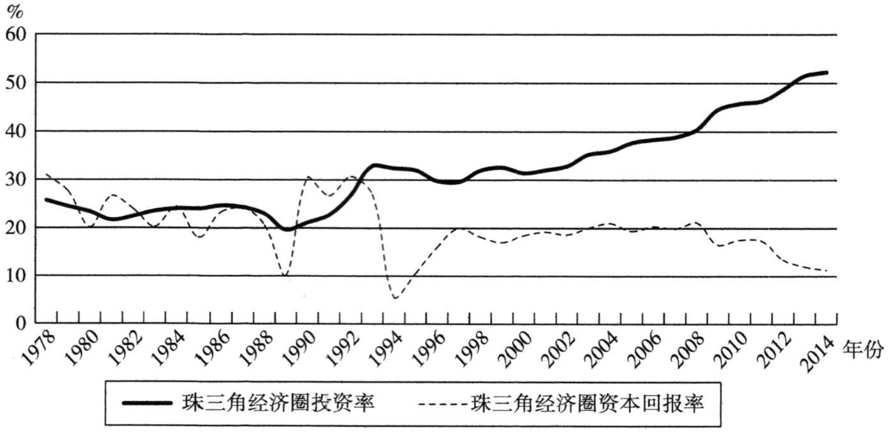

图 B3　1978—2014 年珠三角经济圈投资率和资本回报率

重要术语索引